Heinrich Schliemann's
Selbstbiographie

HEINRICH SCHLIEMANN'S
SELBSTBIOGRAPHIE

BIS ZU SEINEM TODE VERVOLLSTÄNDIGT

von

SOPHIE SCHLIEMANN

EBOOKS.AT Verlag
Klagenfurt

Herstellung: EBOOKS.AT, Klagenfurt

ISBN 978-3-902096-41-8

Anmerkung zu dieser Ausgabe

Dieses Buch basiert im Wesentlichen auf der Autobiographie Heinrich Schliemanns in seinem Buch «Ilios»; vervollständigt wurde die Biographie nach Schliemanns Tod von seiner Frau Sophie.

In dieser Ausgabe wurde die Rechtschreibung dieser Zeit nicht verändert, um die Authentizität des Buches zu wahren. Hinzugefügt wurden Übersetzungen von Originalpassagen in altgriechischer, lateinischer, französischer und englischer Sprache, um das Buch allgemein lesbar zu machen.

Dem Originaltext wurden zahlreiche Bilder beigefügt. Zum einen sind es Zeichnungen, die von Heinrich Schliemann selbst angefertigt worden waren, zum anderen sind es Bilder von herausragenden Funden aus Troja, Mykene und Tiryns.

Klagenfurt, November 2007

Heinrich Schliemann

Sophie Schliemann

Inhalt

Homer

Kapitel 1

Kindheit und kaufmännische Laufbahn. 1822-1866

"Wenn ich dieses Werk - so leitet Heinrich Schliemann sein Buch «Ilios» ein - mit einer Geschichte des eignen Lebens beginne, so ist es nicht Eitelkeit, die dazu mich veranlasst, wol aber der Wunsch, klar darzulegen, dass die ganze Arbeit meines spätern Lebens durch die Eindrücke meiner frühesten Kindheit bestimmt worden, ja, dass sie die nothwendige Folge derselben gewesen ist; wurden doch, sozusagen, Hacke und Schaufel für die Ausgrabung Trojas und der Königsgräber von Mykenae schon in dem kleinen deutschen Dorfe geschmiedet und geschärft, in dem ich acht Jahre meiner ersten Jugend verbrachte. So erscheint es mir auch nicht überflüssig, zu erzählen, wie ich allmählich in den Besitz der Mittel gelangt bin, vermöge deren ich im Herbste des Lebens die grossen Pläne ausführen konnte, die ich als armer kleiner Knabe entworfen hatte.

Ich wurde am 6. Januar 1822 in dem Städtchen Neu-Buckow in Mecklenburg-Schwerin geboren, wo mein Vater, Ernst Schliemann, protestantischer Prediger war und von wo er im Jahre 1823 in derselben Eigenschaft an die Pfarre von Ankershagen, einem in demselben Grossherzogthum zwischen Waren und Penzlin belegenen Dorfe, berufen wurde. In diesem Dorfe verbrachte ich die acht folgenden Jahre meines Lebens, und die in meiner Natur begründete Neigung für alles Geheimnissvolle und Wunderbare wurde durch die Wunder, welche jener Ort enthielt, zu einer wahren Leidenschaft entflammt. In unserm Gartenhause sollte der Geist von meines Vaters Vorgänger, dem Pastor von Russdorf, «umgehen»; und dicht hinter unserm Garten befand sich ein kleiner Teich, das sogenannte «Silberschälchen», dem um Mitternacht eine gespenstische Jungfrau, die eine silberne Schale trug, entsteigen sollte. Ausserdem hatte das Dorf einen kleinen, von einem Graben umzogenen Hügel aufzuweisen, wahrscheinlich ein Grab aus heidnischer Vorzeit, ein sogenanntes Hünengrab, in dem der Sage nach ein alter Raubritter sein Lieblingskind in einer goldenen Wiege begraben hatte. Ungeheuere Schätze aber sollten neben den Ruinen eines alten runden Thurmes in dem Garten des Gutseigenthümers verborgen liegen; mein Glaube an das Vorhandensein aller dieser Schätze war so fest, dass ich jedesmal, wenn ich meinen Vater über seine Geldverlegenheiten klagen hörte, verwundert fragte, weshalb er denn nicht die silberne Schale oder die goldene Wiege ausgraben und sich dadurch reich machen wollte? Auch ein altes mittelalterliches Schloss befand sich in Ankershagen, mit geheimen Gängen in seinen sechs Fuss starken Mauern und einem unterirdischen Wege, der eine starke deutsche Meile lang sein und unter dem tiefen See bei Speck durchführen sollte; es hiess, furchtbare Gespenster gingen da um, und alle Dorfleute sprachen nur mit Zittern von diesen Schrecknissen. Einer alten Sage nach war das Schloss einst von einem Raubritter, Namens Henning von Holstein, bewohnt worden, der, im Volke «Henning Bradenkirl» genannt, weit und breit im Lande gefürchtet wurde, da er, wo er nur konnte, zu rauben und zu plündern pflegte. So verdross es ihn denn auch nicht wenig, dass der Herzog von Mecklenburg manchem Kaufmann, der an seinem Schlosse vorbeiziehen musste, durch einen Geleitsbrief gegen seine Vergewaltigungen schützte, und um dafür an dem Herzog

Rache nehmen zu können, lud er ihn einst mit heuchlerischer Demuth, auf sein Schloss zu Gaste. Der Herzog nahm die Einladung an und machte sich an dem bestimmten Tage mit einem grossen Gefolge auf den Weg. Des Ritters Kuhhirte jedoch, der von seines Herrn Absicht, den Gast zu ermorden, Kunde erlangt hatte, verbarg sich in dem Gebüsch am Wege, erwartete hier hinter einem, etwa eine viertel Meile von unserm Hause gelegenen Hügel, den Herzog und verrieth demselben Henning's verbrecherischen Plan. Der Herzog kehrte augenblicklich um. Von diesem Ereigniss sollte der Hügel seinen jetzigen Namen «der Wartensberg» erhalten haben. Als aber der Ritter entdeckte, dass der Kuhhirte seine Pläne durchkreuzt hatte, liess er den Mann bei lebendigem Leibe langsam in einer grossen eisernen Pfanne braten, und gab dem Unglücklichen, erzählt die Sage weiter, als er in Todesqualen sich wand, noch einen letzten grausamen Stoss mit dem linken Fusse. Bald danach kam der Herzog mit einem Regiment Soldaten, belagerte und stürmte das Schloss, und als Ritter Henning sah, dass an kein Entkommen mehr für ihn zu denken sei, packte er alle seine Schätze in einen grossen Kasten und vergrub denselben dicht neben dem runden Thurme in seinem Garten, dessen Ruinen heute noch zu sehen sind. Dann gab er sich selbst den Tod. Eine lange Reihe flacher Steine auf unserm Kirchhofe sollte des Missethäters Grab bezeichnen, aus dem Jahrhunderte lang sein linkes, mit einem schwarzen Seidenstrumpfe bekleidetes Bein immer wieder herausgewachsen war. Sowol der Küster Prange als auch der Todtengräber Wöllert beschworen hoch und theuer, dass sie als Knaben selbst das Bein abgeschnitten und mit dem Knochen Birnen von den Bäumen abgeschlagen hätten, dass aber im Anfange dieses Jahrhunderts das Bein plötzlich zu wachsen aufgehört habe. Natürlich glaubte ich auch all dies in kindlicher Einfalt, ja bat sogar oft genug meinen Vater, dass er das Grab selber öffnen oder auch mir nur erlauben möge, dies zu thun, um endlich sehen zu können, warum das Bein nicht mehr herauswachsen wolle.

Einen ungemein tiefen Eindruck auf mein empfängliches Gemüth machte auch ein Thonrelief an einer der Hintermauern des Schlosses, das einen Mann darstellte und nach dem Volksglauben das Bildniss des Henning Bradenkirl war. Keine Farbe wollte auf demselben haften, und so hiess es denn, dass es mit dem Blute des Kuhhirten bedeckt sei, das nicht weggetilgt werden könne. Ein vermauerter Kamin im Saale wurde als die Stelle bezeichnet, wo der Kuhhirte in der eisernen Pfanne gebraten worden war. Trotz aller Bemühungen, die Fugen dieses schrecklichen Kamins verschwinden zu machen, sollten dieselben stets sichtbar geblieben sein - und auch hierin wurde ein Zeichen des Himmels gesehen, dass die teuflische That niemals vergessen werden sollte. Noch einem andern Märchen schenkte ich damals unbedenklich Glauben, wonach Herr von Gundlach, der Besitzer des benachbarten Gutes Rumshagen, einen Hügel neben der Dorfkirche aufgegraben und darin grosse hölzerne Fässer, die sehr starkes altrömisches Bier enthielten, vorgefunden hatte.

Obgleich mein Vater weder Philologe noch Archäologe war, hatte er ein leidenschaftliches Interesse für die Geschichte des Alterthums; oft erzählte er mir mit warmer Begeisterung von dem tragischen Untergange von Herculanum und Pompeji, und schien denjenigen für den glücklichsten Menschen zu halten, der Mittel und Zeit genug hätte, die Ausgrabungen, die dort vorgenommen wurden, zu besuchen. Oft auch erzählte er mir bewundernd die Thaten der Homerischen Helden und die Ereignisse des Trojanischen Krieges, und stets fand er dann in mir einen eifrigen Verfechter der Sache Trojas. Mit Betrübniss vernahm ich von ihm, dass Troja so gänzlich zerstört worden, dass es ohne eine Spur zu hinterlassen vom Erdboden verschwunden sei. Aber als er mir, dem damals beinahe achtjährigen Knaben, zum Weihnachtsfeste 1829 Dr. Georg Ludwig Jerrer's «Weltgeschichte für Kinder» schenkte, und ich in dem Buche eine Abbildung des brennenden Troja fand, mit seinen ungeheuern Mauern und dem Skäischen Thore, dem fliehenden Aeneas, der den Vater Anchises auf dem Rücken trägt und den kleinen Askanios an der Hand führt, da rief ich voller Freude: «Vater, du hast dich geirrt! Jerrer muss Troja gesehen haben, er hätte es ja sonst hier nicht abbilden können.» «Mein Sohn», antwortete er, «das ist nur ein erfundenes Bild.» Aber auf meine Frage, ob denn das alte Troja einst wirklich so starke Mauern gehabt habe, wie sie auf jenem Bilde dargestellt waren, bejahte er dies. «Vater», sagte ich darauf, «wenn solche Mauern einmal dagewesen sind, so können sie nicht ganz vernichtet sein, sondern sind wol unter dem Staub und Schutt von Jahrhunderten verborgen.» Nun behauptete er wol das Gegentheil, aber ich blieb fest bei meiner Ansicht, und endlich kamen wir überein, dass ich dereinst Troja ausgraben sollte.

Wess das Herz voll ist, sei es nun Freude oder Schmerz, des gehet der Mund über, und eines Kindes Mund vorzugsweise: so geschah es denn, dass ich meinen Spielkameraden bald von nichts anderem mehr erzählte, als von Troja und den geheimnissvollen wunderbaren Dingen, deren es in unserm Dorfe eine solche Fülle gab. Sie verlachten mich alle miteinander, bis auf zwei junge Mädchen, Luise und Minna Meincke, die Töchter eines Gutspächters in Zahren, einem etwa eine Viertelmeile von Ankershagen entfernten Dorfe; die erstere war sechs Jahr älter, die zweite aber ebenso alt wie ich. Sie dachten nicht daran, mich zu verspotten: im Gegentheil! stets lauschten sie mit gespannter Aufmerksamkeit meinen wunderbaren Erzählungen. Minna war es vorzugsweise, die das grösste Verständniss für mich zeigte, und die bereitwillig und eifrig auf alle meine gewaltigen Zukunftspläne einging. So wuchs eine warme Zuneigung zwischen uns auf, und in kindlicher Einfalt gelobten wir uns bald ewige Liebe und Treue. Im Winter 1829-30 vereinte uns ein gemeinsamer Tanzunterricht abwechselnd in dem Hause meiner kleinen Braut, in unserer Pfarrwohnung oder in dem alten Spukschlosse, das damals von dem Gutspächter Heldt bewohnt wurde, und in dem wir mit lebhaftem Interesse Henning's blutiges Steinbildniss, die verhängnissvollen Fugen des schrecklichen Kamins, die geheimen Gänge in den Mauern und den Zugang zu dem unterirdischen Wege betrachteten. Fand die Tanzstunde in unserm Hause statt, so gingen wir wol auf den Kirchhof vor unserer Thür, um zu sehen, ob noch immer Henning's Fuss nicht wieder aus der Erde wüchse, oder wir staunten mit ehrfürchtiger Bewunderung die alten Kirchenbücher an, die von der Hand Johann Christians und Gottfriederich Heinrichs von Schröder (Vater und Sohn) geschrieben worden waren, die vom Jahre 1709 - 99 als meines Vaters Amtsvorgänger gewirkt hatten; die ältesten Geburts-, Ehe- und Todtenlisten hatten für uns einen ganz besondern Reiz. Manchmal auch besuchten wir des jüngern Pastors von Schröder Tochter, die damals vierundachtzig Jahr alt, dicht neben unserm Hause wohnte, um sie über die Vergangenheit des Dorfes zu befragen, oder die Porträts ihrer Vorfahren zu betrachten, von denen dasjenige ihrer Mutter, der im Jahre 1795 verstorbenen Olgartha Christine von Schröder, uns vor allen andern anzog: einmal, weil es uns als ein Meisterwerk der Kunst erschien, dann aber auch, weil es eine gewisse Aehnlichkeit mit Minna zeigte.

Nicht selten statteten wir dann auch dem Dorfschneider Wöllert, der einäugig war, nur ein Bein hatte und deshalb allgemein «Peter Hüppert» genannt wurde, einen Besuch ab. Er war ohne jegliche Bildung, hatte aber ein so wunderbares Gedächtniss, dass er, wenn er meinen Vater predigen gehört hatte, die ganze Rede Wort für Wort wiederholen konnte. Dieser Mann, der, wenn ihm der Weg zu Schul- und Universitätsbildung offen gestanden hätte, ohne Zweifel ein bedeutender Gelehrter geworden wäre, war voll Witz und regte unsere Wissbegier im höchsten Maasse durch seinen unerschöpflichen Vorrath von Anekdoten an, die er mit bewundernswerthem oratorischen Geschick zu erzählen verstand. Ich gebe hier nur eine derselben wieder: so erzählte er uns, dass, da er immer gewünscht habe, zu erfahren, wohin die Störche im Winter zögen, er einmal noch bei Lebzeiten des Vorgängers meines Vaters, des Pastors von Russdorf, einen der Störche, die auf unserer Scheune zu bauen pflegten, eingefangen und ihm ein Stück Pergament an den Fuss gebunden habe, auf welches der Küster Prange seinem Wunsche gemass niedergeschrieben hatte, dass er, der Küster, und Wöllert, der Schneider des Dorfes Ankershagen in Mecklenburg-Schwerin, hierdurch den Eigenthümer des Hauses, auf dem der Storch sein Nest im Winter habe, freundlich ersuchten, ihnen den Namen seines Landes mitzutheilen. Als er im nächsten Frühjahr den Storch wieder einfing, fand sich ein anderes Stück Pergament an dem Fusse des Vogels befestigt, mit folgender in schlechten deutschen Versen abgefassten Antwort:

Schwerin Mecklenburg ist uns nicht bekannt,
Das Land, wo sich der Storch befand,
Nennt sich Sanct Johannes-Land.

Natürlich glaubten wir dies alles und würden gern Jahre unsere Lebens darum gegeben haben, nur um zu erfahren, wo das geheimnissvolle Sanct Johannes-Land sich befände. Wenn diese und ähnliche Anekdoten unsere Kenntniss der Geographie auch nicht gerade bereichern konnten, so regten sie wenigstens den Wunsch in uns an, dieselbe zu lernen, und erhöhten noch unsere Leidenschaft für alles Geheimnissvolle.

Von dem Tanzunterricht hatten weder Minna noch ich den geringsten Nutzen, wir lernten beide nichts: sei es nun, dass uns die natürliche Anlage für diese Kunst fehlte, oder dass wir durch unsere wichtigen archäologischen Studien und unsere Zukunftspläne zu sehr in Anspruch genommen wurden.

14

Es stand zwischen uns schon fest, dass wir, sobald wir erwachsen wären, uns heirathen würden, und dass wir dann unverzüglich alle Geheimnisse von Ankershagen erforschen, die goldene Wiege, die silberne Schale, Henning's ungeheuere Schätze und sein Grab, zuletzt aber die Stadt Troja ausgraben wollten; nichts Schöneres konnten wir uns vorstellen, als so unser ganzes Leben mit dem Suchen nach den Resten der Vergangenheit zuzubringen.

Gott sei es gedankt, dass mich der feste Glaube an das Vorhandensein jenes Troja in allen Wechselfällen meiner ereignissreichen Laufbahn nie verlassen hat! - aber erst im Herbste meines Lebens und dann auch ohne Minna - und weit, weit von ihr entfernt - sollte ich unsere Kinderträume von vor funfzig Jahren ausführen dürfen.

Mein Vater konnte nicht griechisch, aber er war im Lateinischen gut bewandert und benutzte jeden freien Augenblick, auch mich darin zu unterrichten. Als ich kaum neun Jahre alt war, starb meine geliebte Mutter: es war dies ein unersetzlicher Verlust und wol das grösste Unglück, das mich und meine sechs Geschwister treffen konnte.

Meiner Mutter Tod fiel noch mit einem andern schweren Misgeschick zusammen, infolgedessen alle unsere Bekannten uns plötzlich den Rücken wandten und den Verkehr mit uns aufgaben. Ich grämte mich nicht sehr um die übrigen: aber, dass ich die Familie Meincke nicht mehr sehen, dass ich mich ganz von Minna trennen, sie nie wiedersehen sollte - das war mir tausendmal schmerzlicher als meiner Mutter Tod, den ich dann auch bald in dem überwältigenden Kummer um Minna's Verlust vergass. In Thränen gebadet stand ich täglich stundenlang allein vor dem Bilde Olgartha's von Schröder und gedachte voll Trauer der glücklichen Tage, die ich in Minna's Gesellschaft verlebt hatte. Die ganze Zukunft erschien mir finster und trübe, alle geheimnissvollen Wunder von Ankershagen, ja Troja selbst hatte eine Zeit lang keinen Reiz mehr für mich. Mein Vater, dem meine tiefe Niedergeschlagenheit nicht entging, schickte mich nun auf zwei Jahre zu seinem Bruder, dem Prediger Friedrich Schliemann, der die Pfarre des Dorfes Kalkhorst in Mecklenburg innehatte. Hier wurde mir ein Jahr lang das Glück zutheil, den Candidaten Carl Andres aus Neu-Strelitz zum Lehrer zu haben; unter der Leitung dieses vortrefflichen Philologen machte ich so bedeutende Fortschritte, dass ich schon zu Weihnachten 1832 meinem Vater einen, wenn auch nicht correcten, lateinischen Aufsatz über die Hauptereignisse des Trojanischen Krieges und die Abenteuer des

Odysseus und Agamemnon als Geschenk überreichen konnte. Im Alter von elf Jahren kam ich auf das Gymnasium von Neu-Strelitz, wo ich nach Tertia gesetzt wurde. Aber gerade zu jener Zeit traf unsere Familie ein sehr schweres Unglück, und da ich fürchtete, dass meines Vaters Mittel nicht ausreichen würden, um mich noch eine Reihe von Jahren auf dem Gymnasium und dann auf der Universität zu unterhalten, verliess ich ersteres nach drei Monaten schon wieder, um in die Realschule der Stadt überzugehen, wo ich sogleich in die zweite Klasse aufgenommen wurde. Zu Ostern 1835 in die erste Klasse versetzt, verliess ich im Frühjahr 1836, im Alter von 14 Jahren die Anstalt, um in dem Städtchen Fürstenberg in Mecklenburg-Strelitz als Lehrling in den kleinen Krämerladen von Ernst Ludwig Holtz einzutreten.

Einige Tage vor meiner Abreise von Neu-Strelitz, am Charfreitag 1836, traf ich in dem Hause des Hofmusikus C. E. Laue zufällig mit Minna Meincke zusammen, die ich seit mehr denn fünf Jahren nicht gesehen hatte. Nie werde ich dieses, das letzte Zusammentreffen, das uns überhaupt werden sollte, je vergessen! Sie war jetzt vierzehn Jahre alt und, seitdem ich sie zuletzt gesehen, sehr gewachsen. Sie war einfach schwarz gekleidet, und gerade diese Einfachheit ihrer Kleidung schien ihre bestrickende Schönheit noch zu erhöhen. Als wir einander in die Augen sahen, brachen wir beide in einen Strom von Thränen aus und fielen, keines Wortes mächtig, einander in die Arme. Mehrmals versuchten wir zu sprechen, aber unsere Aufregung war zu gross; wir konnten kein Wort hervorbringen. Bald jedoch traten Minna's Eltern in das Zimmer, und so mussten wir uns trennen aber es währte eine geraume Zeit, ehe ich mich von meiner Aufregung wieder erholt hatte. Jetzt war ich sicher, dass Minna mich noch liebte, und dieser Gedanke feuerte meinen Ehrgeiz an: von jenem Augenblick an fühlte ich eine grenzenlose Energie und das feste Vertrauen in mir, dass ich durch unermüdlichen Eifer in der Welt vorwärts kommen und mich Minna's würdig zeigen werde. Das Einzige, was ich damals von Gott erflehte, war, dass sie nicht heirathen möchte, bevor ich mir eine unabhängige Stellung errungen haben würde.

Fünf und ein halbes Jahr diente ich in dem kleinen Krämerladen in Fürstenberg: das erste Jahr bei Herrn Holtz und später bei seinem Nachfolger, dem trefflichen Herrn Theodor Hückstädt. Meine Thätigkeit bestand in dem Einzelverkauf von Heringen, Butter, Kartoffelbranntwein, Milch, Salz, Kaffee, Zucker, Oel, Talglichtern u. s. w., in dem Mahlen der

Kartoffeln für die Brennerei, in dem Ausfegen des Ladens und ähnlichen Dingen. Unser Geschäft war so unbedeutend, dass unser ganzer Absatz jährlich kaum 3000 Thaler betrug; hielten wir es doch für ein ganz besonderes Glück, wenn wir einmal im Laufe eines Tages für zehn bis fünfzehn Thaler Materialwaaren verkauften. Natürlich kam ich hierbei nur mit den untersten Schichten der Gesellschaft in Berührung. Von 5 Uhr morgens bis 11 Uhr abends war ich in dieser Weise beschäftigt, und mir blieb kein freier Augenblick zum Studiren. Ueberdies vergass ich das Wenige, was ich in meiner Kindheit gelernt hatte, nur zu schnell, aber die Liebe zur Wissenschaft verlor ich trotzdem nicht - verlor ich sie doch niemals, - und so wird mir auch, solange ich lebe, jener Abend unvergesslich bleiben, an dem ein betrunkener Müller, Hermann Niederhöffer, in unsern Laden kam. Er war der Sohn eines protestantischen Predigers in Röbel (Mecklenburg) und hatte seine Studien auf dem Gymnasium von Neu-Ruppin beinahe vollendet, als er wegen schlechten Betragens aus der Anstalt verwiesen wurde. Sein Vater übergab ihn dem Müller Dettmann in Güstrow als Lehrling; hier blieb er zwei Jahre und wanderte danach als Müllergesell. Mit seinem Schicksal unzufrieden, hatte der junge Mann leider schon bald sich dem Trunke ergeben, dabei jedoch seinen Homer nicht vergessen; denn an dem oben erwähnten Abend recitirte er uns nicht weniger als hundert Verse dieses Dichters und scandirte sie mit vollem Pathos. Obgleich ich kein Wort davon verstand, machte doch die melodische Sprache den tiefsten Eindruck auf mich, und heisse Thränen entlockte sie mir über mein unglückliches Geschick. Dreimal musste er mir die göttlichen Verse wiederholen, und ich bezahlte ihn dafür mit drei Gläsern Branntwein, für die ich die wenigen Pfennige, die gerade mein ganzes Vermögen ausmachten, gern hingab. Von jenem Augenblick an hörte ich nicht auf, Gott zu bitten, dess er in seiner Gnade mir das Glück gewähren möge, einmal Griechisch lernen zu dürfen.

Doch schien sich mir nirgends ein Ausweg aus der traurigen und niedrigen Stellung eröffnen zu wollen, bis ich plötzlich wie durch ein Wunder aus derselben befreit wurde. Durch Aufheben eines zu schweren Fasses zog ich mir eine Verletzung der Brust zu - ich warf Blut aus und war nicht mehr im Stande, meine Arbeit zu verrichten. In meiner Verzweiflung ging ich zu Fuss nach Hamburg, wo es mir auch gelang, eine Anstellung mit einem jährlichen Gehalt von 180 Mark zu erhalten. Da ich aber wegen meines Blutspeiens und der heftigen Brustschmerzen keine schwere Arbeit thun konnte, fanden mich meine Principale bald nutzlos, und so verlor ich jede Stellung wieder, wenn ich sie kaum acht Tage innegehabt hatte. Ich sah wol ein, dass ich einen derartigen Dienst nicht mehr versehen konnte, und von der Noth gezwungen, mir durch irgendwelche, wenn auch die niedrigste Arbeit mein tägliches Brot zu verdienen, versuchte ich es, eine Stelle an Bord eines Schiffes zu erhalten; auf die Empfehlung des gutherzigen Schiffsmaklers S. F. Wendt hin, der mit meiner verstorbenen Mutter aufgewachsen war, glückte es mir, als Kajütenjunge an Bord der kleinen Brigg «Dorothea» angenommen zu werden; das Schiff war nach La Guayra in Venezuela bestimmt.

Ich war immer schon arm gewesen, aber doch noch nie so gänzlich mittellos wie gerade zu jener Zeit: musste ich doch meinen einzigen Rock verkaufen, um mir eine wollene Decke anschaffen zu können! Am 28. November 1841 verliessen wir Hamburg mit gutem Winde; nach wenigen Stunden jedoch schlug derselbe um, und wir mussten drei volle Tage in der Elbe unweit Blankenese liegen bleiben. Erst am 1. December trat wieder günstiger Wind ein: wir passirten Cuxhaven und kamen in die offene See, waren aber kaum auf der Höhe von Helgoland angelangt, als der Wind wieder nach Westen umsprang und bis zum 12. December fortdauernd westlich blieb. Wir lavirten unaufhörlich, kamen aber wenig oder gar nicht vorwärts, bis wir in der Nacht vom 11. zum 12. December bei einem furchtbaren Sturme auf der Höhe der Insel Texel an der Bank, die den Namen «de Eilandsche Grond» führt, Schiffbruch litten. Nach zahllosen Gefahren und nachdem wir neun Stunden lang in einem sehr kleinen offenen Boote von der Wuth des Windes und der Wellen umhergetrieben waren, wurde unsere ganze aus neun Personen bestehende Mannschaft doch schliesslich gerettet. Mit grösstem Danke gegen Gott werde ich stets des freudigen Augenblickes gedenken, da unser Boot von der Brandung auf eine Sandbank unweit der Küste von Texel geschleudert wurde, und nun alle Gefahr endlich vorüber war. Welche Küste es war, an die wir geworfen worden, wusste ich nicht - wol aber, dass wir uns in einem «fremden Lande» befanden. Mir war, als flüsterte mir eine Stimme dort auf der Sandbank zu, dass jetzt die Flut in meinen irdischen Angelegenheiten eingetreten sei und dass ich ihren Strom benutzen müsse. Und noch derselbe Tag bestätigte mir diesen frohen Glauben; denn während der Kapitän und meine Gefährten ihren ganzen Besitz bei dem Schiffbruch eingebüsst hatten, wurde mein kleiner Koffer, der einige Hemden und

Strümpfe sowie mein Taschenbuch und einige mir von Herrn Wendt verschaffte Empfehlungsbriefe nach La Guayra enthielt, unversehrt auf dem Meere schwimmend gefunden und herausgezogen. Von den Consuln Sonderdorp und Ram wurden wir in Texel auf das freundlichste aufgenommen, aber als dieselben mir den Vorschlag machten, mich mit der übrigen Mannschaft nach Hamburg zurückzuschicken, lehnte ich es entschieden ab, wieder nach Deutschland zu gehen, wo ich so namenlos unglücklich gewesen war, und erklärte ihnen, dass ich es für meine Bestimmung hielte, in Holland zu bleiben, und dass ich die Absicht hätte, nach Amsterdam zu gehen, um mich als Soldat anwerben zu lassen; denn ich war ja vollständig mittellos und sah für den Augenblick wenigstens keine andere Möglichkeit vor mir, meinen Unterhalt zu erwerben. So bezahlten denn die Consuln, auf mein dringendes Bitten, zwei Gulden für meine Ueberfahrt nach Amsterdam. Da der Wind jetzt ganz nach Süden herumgegangen war, musste das kleine Schiff, auf welchem ich befördert wurde, einen Tag in der Stadt Enkhuyzen verweilen, und so brauchten wir nicht weniger als drei Tage, um die holländische Hauptstadt zu erreichen. Infolge meiner mangelhaften und ganz unzureichenden Kleidung hatte ich auf der Ueberfahrt sehr zu leiden, und auch in Amsterdam wollte das Glück mir zuerst nicht lächeln. Der Winter hatte begonnen, ich hatte keinen Rock und litt furchtbar unter der Kälte. Meine Absicht, als Soldat einzutreten, konnte nicht so schnell, wie ich gedacht hatte, ausgeführt werden, und die wenigen Gulden, die ich auf der Insel Texel und in Enkhuyzen als Almosen gesammelt, waren bald mit den zwei Gulden, die ich von dem mecklenburgischen Consul in Amsterdam, Herrn Quack, erhalten hatte, in dem Wirthshause der Frau Graalman in der Ramskoy von Amsterdam verzehrt, wo ich mein Quartier aufschlug. Als meine geringen Mittel gänzlich erschöpft waren, fingirte ich Krankheit und wurde demgemäss in das Hospital aufgenommen. Aus dieser schrecklichen Lage aber befreite mich wieder der schon oben erwähnte freundliche Schiffsmakler J. F. Wendt aus Hamburg, dem ich von Texel aus geschrieben hatte, um ihm Nachricht von unserm Schiffbruch zu geben und ihm zugleich mitzutheilen, dass ich nun mein Glück in Amsterdam zu versuchen gedächte. Ein glücklicher Zufall hatte es gewollt, dass mein Brief ihm gerade überbracht wurde, als er mit einer Anzahl seiner Freunde bei einem festlichen Mahle sass. Der Bericht über das neue Misgeschick, das mich betroffen, hatte die allgemeine Theilnahme erregt, und eine sogleich von ihm veranstaltete Sammlung die Summe von 240 Gulden ergeben, die er mir nun durch Consul Quack übersandte. Zugleich empfahl er mich auch dem trefflichen preussischen Generalconsul, Herrn W. Hepner in Amsterdam, der mir bald in dem Comptoir von F. C. Quien eine Anstellung verschaffte.

In meiner neuen Stellung war meine Beschäftigung, Wechsel stempeln zu lassen und sie in der Stadt einzucassiren, Briefe nach der Post zu tragen und von dort zu holen. Diese mechanische Beschäftigung war mir sehr genehm, da sie mir ausreichende Zeit liess, an meine vernachlässigte Bildung zu denken.

Zunächst bemühte ich mich, mir eine leserliche Handschrift anzueignen, und in 20 Stunden, die ich bei dem berühmten brüsseler Kalligraphen Magnée nahm, glückte mir dies auch vollständig; darauf ging ich, um meine Stellung zu verbessern, eifrig an das Studium der modernen Sprachen. Mein Jahresgehalt betrug nur 800 Francs, wovon ich die Hälfte für meine Studien ausgab - mit der andern Hälfte bestritt ich meinen Lebensunterhalt, und zwar kümmerlich genug. Meine Wohnung, für die ich monatlich 8 Francs bezahlte, war eine elende unheizbare Dachstube, in der ich im Winter vor Frost zitterte, im Sommer aber unter der glühendsten Hitze zu leiden hatte. Mein Frühstück bestand aus Roggenmehlbrei, das Mittagessen kostete mir nie mehr als 16 Pfennig. Aber nichts spornt mehr zum Studiren an als das Elend und die gewisse Aussicht, sich durch angestrengte Arbeit daraus befreien zu können. Dazu kam für mich noch der Wunsch, mich Minna's würdig zu zeigen, der einen unbesiegbaren Muth in mir erweckte und entwickelte. So warf ich mich denn mit besonderm Fleisse auf das Studium des Englischen, und hierbei liess mich die Noth eine Methode ausfindig machen, welche die Erlernung jeder Sprache bedeutend erleichtert. Diese einfache Methode besteht zunächst darin, dass man sehr viel laut liest, keine Uebersetzungen macht, täglich eine Stunde nimmt, immer Ausarbeitungen über uns interessirende Gegenstände niederschreibt, diese unter der Aufsicht des Lehrers verbessert, auswendig lernt und in der nächsten Stunde aufsagt, was man am Tage vorher corrigirt hat. Mein Gedächtniss war, da ich es seit der Kindheit gar nicht geübt hatte, schwach, doch benutzte ich jeden Augenblick und stahl sogar Zeit zum Lernen. Um mir sobald als möglich eine gute Aussprache anzueignen, besuchte ich Sonntags regelmässig zweimal den Gottesdienst in der englischen Kirche und sprach bei dem

Anhören der Predigt jedes Wort derselben leise für mich nach. Bei allen meinen Botengängen trug ich, selbst wenn es regnete, ein Buch in der Hand, aus dem ich etwas auswendig lernte; auf dem Postamte wartete ich nie, ohne zu lesen. So stärkte ich allmählich mein Gedächtniss und konnte schon nach drei Monaten meinen Lehrern, Mr. Taylor und Mr. Thompson, mit Leichtigkeit alle Tage in jeder Unterrichtsstunde zwanzig gedruckte Seiten englischer Prosa wörtlich hersagen, wenn ich dieselben vorher dreimal aufmerksam durchgelesen hatte. Auf diese Weise lernte ich den ganzen «Vicar of Wakefield» von Goldsmith und Walter Scott's «Ivanhoe» auswendig. Vor übergrosser Aufregung schlief ich nur wenig und brachte alle meine wachen Stunden der Nacht damit zu, das am Abend Gelesene noch einmal in Gedanken zu wiederholen. Da das Gedächtniss bei Nacht viel concentrirter ist als bei Tage, fand ich auch diese nächtlichen Wiederholungen von grösstem Nutzen; ich empfehle dies Verfahren jedermann. So gelang es mir, in Zeit von einem halben Jahre mir eine gründliche Kenntniss der englischen Sprache anzueignen.

Dieselbe Methode wendete ich danach bei dem Studium der französischen Sprache an, die ich in den folgenden sechs Monaten bemeisterte. Von französischen Werken lernte ich Fénelon's «Aventures de Télémaque» und «Paul et Virginie» von Bernardin de Saint-Pierre auswendig. Durch diese anhaltenden übermässigen Studien stärkte sich mein Gedächtniss im Laufe eines Jahres dermassen, dass mir die Erlernung des Holländischen, Spanischen, Italienischen und Portugiesischen ausserordentlich leicht wurde, und ich nicht mehr als sechs Wochen gebrauchte, um jede dieser Sprachen fliessend sprechen und schreiben zu können.

Hatte ich es nun dem vielen Lesen mit lauter Stimme zu danken oder dem wohlthätigen Einflusse der feuchten Luft Hollands, ich weiss es nicht: genug, mein Brustleiden verlor sich schon im ersten Jahre meines Aufenthaltes in Amsterdam und ist auch später nicht wiedergekommen.

Aber meine Leidenschaft für das Studium liess mich meine mechanische Beschäftigung als Bureaudiener bei F. C. Quien vernachlässigen, besonders als ich anfing, sie als meiner unwürdig anzusehen. Meine Vorgesetzten wollten mich indess nicht befördern; dachten sie doch wahrscheinlich, dass jemand, der sich im Amte eines Comptoirdieners untauglich erwies, für irgendeinen höhern Posten ganz unbrauchbar sein müsse.

Endlich, am 1. März 1844, glückte es mir, durch die Verwendung meiner Freunde Louis Stoll in Mannheim und J. H. Ballauf in Bremen, eine

Stellung als Correspondent und Buchhalter in dem Comptoir der Herren B. H. Schröder & Co. in Amsterdam zu erhalten; hier wurde ich zuerst mit einem Gehalt von 1200 Francs engagirt, als aber meine Principale meinen Eifer sahen, gewährten sie mir noch eine jährliche Zulage von 800 Francs als weitere Aufmunterung. Diese Freigebigkeit, für welche ich ihnen stets dankbar bleiben werde, sollte denn in der That auch mein Glück begründen; denn da ich glaubte durch die Kenntniss des Russischen mich noch nützlicher machen zu können, fing ich an, auch diese Sprache zu studieren. Die einzigen russischen Bücher, die ich mir verschaffen konnte, waren eine alte Grammatik, ein Lexikon und eine schlechte Uebersetzung der «Aventures de Télémaque». Trotz aller meiner Bemühungen aber wollte es mir nicht gelingen, einen Lehrer des Russischen aufzufinden; denn ausser dem russischen Viceconsul, Herrn Tannenberg, der mir keinen Unterricht geben wollte, befand sich damals niemand in Amsterdam, der ein Wort von dieser Sprache verstanden hätte. So fing ich denn mein neues Studium ohne Lehrer an und hatte auch in wenigen Tagen, mit Hülfe der Grammatik, mir schon die russischen Buchstaben und ihre Aussprache eingeprägt. Dann nahm ich meine alte Methode wieder auf, verfasste kurze Aufsätze und Geschichten und lernte dieselben auswendig. Da ich niemand hatte, der meine Arbeiten verbesserte, waren sie ohne Zweifel herzlich schlecht; doch bemühte ich mich, meine Fehler durch praktische Uebungen vermeiden zu lernen, indem ich die russische Uebersetzung der «Aventures de Télémaque» auswendig lernte. Es kam mir vor, als ob ich schnellere Fortschritte machen werde, wenn ich jemand bei mir hätte, dem ich die Abenteuer Telemach's erzählen könnte: so engagirte ich einen armen Juden, der für 4 Francs pro Woche allabendlich zwei Stunden zu mir kommen und meine russischen Declamationen anhören musste, von denen er keine Silbe verstand.

Da die Zimmerdecken in den gewöhnlichen holländischen Häusern meist nur aus einfachen Bretern bestehen, so kann man im Erdgeschoss oft alles vernehmen, was im dritten Stock gesprochen wird. Mein lautes Recitiren wurde deshalb bald den andern Miethern lästig, sie beklagten sich bei dem Hauswirthe, und so kam es, dass ich in der Zeit meiner russischen Studien zweimal die Wohnung wechseln musste. Aber alle diese Unbequemlichkeiten vermochten meinen Eifer nicht zu vermindern, und nach sechs Wochen schon konnte ich meinen ersten russischen Brief an Wassili Plotnikow schreiben, den Londoner Agenten der grossen

Indigohändler Gebrüder M. P. N. Malutin in Moskau; auch war ich im Stande, mich mit ihm und den russischen Kaufleuten Matwejew und Frolow, die zu den Indigoauctionen nach Amsterdam kamen, fliessend in ihrer Muttersprache zu unterhalten.

Als ich mein Studium des Russischen vollendet hatte, begann ich mich ernstlich mit der Literatur der von mir erlernten Sprachen zu beschäftigen.

Im Januar 1846 schickten mich meine vortrefflichen Principale als ihren Agenten nach St. Petersburg, und hier sowol als auch in Moskau wurden schon in den ersten Monaten meine Bemühungen von einem Erfolge gekrönt, der meiner Chefs und meine eigenen grössten Hoffnungen noch weit übertraf. Kaum hatte ich in dieser meiner neuen Stellung mich dem Hause B. H. Schröder & Co. unentbehrlich gemacht und mir dadurch eine ganz unabhängige Lage geschaffen, als ich unverzüglich an den oben erwähnten Freund der Familie Meincke, C. B. Laue in Neu-Strelitz, schrieb, ihm alle meine Erlebnisse schilderte und ihn bat, sogleich in meinem Namen um Minna's Hand anzuhalten. Wie gross war aber mein Entsetzen, als ich nach einem Monat die betrübende Antwort erhielt, dass sie vor wenigen Tagen eine andere Ehe geschlossen habe. Diese Enttäuschung erschien mir damals als das schwerste Schicksal, das mich überhaupt treffen konnte: ich fühlte mich vollständig unfähig zu irgendwelcher Beschäftigung und lag krank darnieder. Unaufhörlich rief ich mir alles, was sich zwischen Minna und mir in unserer ersten Kindheit begeben hatte, ins Gedächtniss zurück, alle unsere süssen Träume und grossartigen Pläne, zu deren Ausführung ich jetzt eine so glänzende Möglichkeit vor mir sah; aber wie sollte ich nun daran denken, sie ohne Minna's Theilnahme auszuführen? Dann machte ich mir auch wol die bittersten Vorwürfe, dass ich nicht schon, ehe ich mich nach Petersburg begab, um ihre Hand angehalten hatte, - aber immer wieder musste ich mir selber sagen, dass ich mich dadurch nur lächerlich gemacht haben würde; war ich doch in Amsterdam nur Commis, in einer durchaus unselbständigen und von der Laune meiner Principale abhängigen Stellung gewesen, und hatte ich doch überdies keinerlei Gewähr gehabt, dass es mir in Petersburg glücken wurde, wo statt des Erfolges ja auch gänzliches Mislingen meiner warten konnte. Es schien mir ebenso unmöglich, dass Minna an der Seite eines andern Mannes glücklich werden, wie dass ich jemals eine andere Gattin heimführen würde. Warum musste das grausame Schicksal sie mir gerade jetzt entreissen, wo ich, nachdem ich sechzehn

Jahre lang nach ihrem Besitze gestrebt, endlich geglaubt hatte, sie errungen zu haben? Es war uns beiden in Wahrheit so ergangen, wie es uns so oft im Traume zu ergehen pflegt: wir wähnen jemand rastlos zu verfolgen, und sobald mir glauben, ihn erreicht zu haben, entschlüpft er uns immer von neuem. Wol dachte ich damals, dass ich den Schmerz über Minna's Verlust nie würde verwinden können; aber die Zeit, die alle Wunden heilt, übte endlich ihren wohlthätigen Einfluss auch auf mein Gemüth, und wenn ich auch jahrelang noch um die Verlorene trauerte, konnte ich doch allmählich meiner kaufmännischen Thätigkeit wieder ohne Unterbrechung obliegen.

Schon im ersten Jahre meines Aufenthalts in Petersburg war ich bei meinen Geschäften so vom Glück begünstigt gewesen, dass ich bereits zu Anfang des Jahres 1847 in die Gilde als Grosshändler mich einschreiben liess. Neben dieser meiner neuen Thätigkeit blieb ich in unveränderter Beziehung zu den Herren B. H. Schröder & Co. in Amsterdam, deren Agentur ich fast elf Jahre lang behielt. Da ich in Amsterdam eine gründliche Kenntniss von Indigo erlangt hatte, beschränkte ich meinen Handel fast ausschliesslich auf diesen Artikel.

Da ich lange nichts von meinem Bruder Ludwig Schliemann gehört hatte, der im Beginn des Jahres 1849 nach Californien ausgewandert war, so begab ich mich im Frühjahr 1850 dorthin und erfuhr, dass er verstorben war. Ich befand mich noch in Californien, als dasselbe am 4. Juli 1850 zum Staate erhoben wurde, und da alle an jenem Tage im Lande Verweilenden ipso facto naturalisirte Amerikaner wurden, so wurde auch ich Bürger der Vereinigten Staaten. Gegen Ende des Jahres 1852 etablirte ich in Moskau eine Filiale für den Engrosverkauf von Indigo zuerst unter der Leitung meines vortrefflichen Agenten, Alexei Matwejew, nach dessen Tode aber unter der seines Dieners Jutschenko, den ich zum Range eines Kaufmanns der zweiten Gilde erhob; denn aus einem geschickten Diener kann ja leicht ein guter Director werden, wenn auch aus einem Director nie ein brauchbarer Diener wird.

Da ich in Petersburg immer mit Arbeit überhäuft war, konnte ich meine Sprachstudien nicht weiter betreiben, und so fand ich erst im Jahre 1854 ausreichende Zeit, mir die schwedische und polnische Sprache anzueignen.

Die göttliche Vorsehung beschützte mich oft in der wunderbarsten Weise, und mehr als einmal wurde ich nur durch einen Zufall vom gewissen Untergange gerettet. Mein ganzes Leben lang wird mir der Morgen des 4.

October 1854 in der Erinnerung bleiben. Es war in der Zeit des Krimkrieges. Da die russischen Häfen blockirt waren, mussten alle für Petersburg bestimmten Waaren nach den preussischen Häfen von Königsberg und Memel verschifft und von dort zu Lande weiter befördert werden. So waren denn auch mehrere hundert Kisten Indigo und eine grosse Partie anderer Waaren von Amsterdam für meine Rechnung auf zwei Dampfern an meine Agenten, die Herren Meyer & Co., in Memel abgesandt worden, um von dort zu Lande nach Petersburg transportirt zu werden. Ich hatte den Indigoauctionen in Amsterdam beigewohnt und befand mich nun auf dem Wege nach Memel, um dort nach der Expedition meiner Waaren zu sehen. Spät am Abend des 3. October im Hôtel de Prusse in Königsberg angekommen, sah ich am folgenden Morgen, bei einem zufälligen Blick aus dem Fenster meines Schlafzimmers, auf dem Thurme des nahen "Grünen Thores" folgende ominöse Inschrift in grossen vergoldeten Lettern mir entgegenleuchten:

Vultus fortunae variatur imagine lunae:
Crescit, decrescit, constans persistere nescit. *

Ich war nicht abergläubisch, aber doch machte diese Inschrift einen tiefen Eindruck auf mich, und eine zitternde Furcht, wie vor einem nahen unbekannten Misgeschick, bemächtigte sich meiner. Als ich meine Reise mit der Post fortsetzte, vernahm ich auf der ersten Station hinter Tilsit zu meinem Entsetzen, dass die Stadt Memel am vorhergegangenen Tage von einer furchtbaren Feuersbrunst eingeäschert worden sei, und vor der Stadt angekommen, sah ich die Nachricht in der traurigsten Weise bestätigt. Wie ein ungeheurer Kirchhof, auf dem die rauchgeschwärzten Mauern und Schornsteine wie grosse Grabsteine, wie finstere Wahrzeichen der Vergänglichkeit alles Irdischen sich erhoben, lag die Stadt vor unsern Blicken. Halbverzweifelt suchte ich zwischen den rauchenden Trümmerhaufen nach Herrn Meyer. Endlich gelang es mir, ihn aufzufinden - aber auf meine Frage, ob meine Güter gerettet wären, wies er statt aller Antwort auf seine noch glimmenden Speicher und sagte:

---

*Übersetzung:
Das Glück ist wechselhaft wie der Mond,
es nimmt zu, es nimmt ab, beständig ist es nie.

«Dort liegen sie begraben». Der Schlag war sehr hart: durch die angestrengte Arbeit von acht und einem halben Jahre hatte ich mir in Petersburg ein Vermögen von 150000 Thalern erworben - und nun sollte dies ganz verloren sein. Es währte indessen nicht lange, so hatte ich mich auch mit diesem Gedanken vertraut gemacht, und gerade die Gewissheit meines Ruins gab mir meine Geistesgegenwart wieder.

Das Bewusstsein, niemand etwas schuldig zu sein, war mir eine grosse Beruhigung; der Krimkrieg hatte nämlich erst vor kurzem begonnen, die Handelsverhältnisse waren noch sehr unsicher, und ich hatte infolge dessen nur gegen baar gekauft. Ich durfte wol erwarten, dass die Herren Schröder in London und Amsterdam mir Credit gewähren würden, und so hatte ich die beste Zuversicht, dass es mir mit der Zeit gelingen werde, das Verlorene wieder zu ersetzen. Es war noch am Abend des nämlichen Tages: ich stand im Begriffe, meine Weiterreise nach Petersburg mit der Post anzutreten und erzählte eben den übrigen Passagieren von meinem Misgeschick, da fragte plötzlich einer der Umstehenden nach meinem Namen und rief, als er denselben vernommen hatte, aus: «Schliemann ist ja der einzige, der nichts verloren hat! Ich bin der erste Commis bei Meyer & Co. Unser Speicher war schon übervoll, als die Dampfer mit Schliemann's Waaren anlangten, und so mussten wir dicht daneben noch einen hölzernen Schuppen bauen, in dem sein ganzes Eigenthum unversehrt geblieben ist.» Der plötzliche Uebergang von schwerem Kummer zu grosser Freude ist nicht leicht ohne Thränen zu ertragen: ich stand einige Minuten sprachlos; schien es mir doch wie ein Traum, wie ganz unglaublich, dass ich allein aus dem allgemeinen Ruin unbeschädigt hervorgegangen sein sollte! Und doch war dem so; und das wunderbarste dabei, dass das Feuer in dem massiven Speicher von Meyer & Co., auf der nördlichen Seite der Stadt, ausgekommen war, von wo es bei einem heftigen orkanartigen Nordwind sich schnell über die ganze Stadt verbreitet hatte; dieser Sturm war denn auch die Rettung für den hölzernen Schuppen gewesen, der, nur ein paar Schritt nördlich von dem Speicher gelegen, ganz unversehrt geblieben war.

Meine glücklich verschont gebliebenen Waaren verkaufte ich nun äusserst vortheilhaft, liess dann den Ertrag wieder und immer wieder arbeiten, machte grosse Geschäfte in Indigo, Farbhölzern und Kriegsmaterialien (Salpeter, Schwefel und Blei), und konnte so, da die Kapitalisten Scheu trugen, sich während des Krimkrieges auf grössere Unternehmungen einzulassen, beträchtliche Gewinne erzielen und im Laufe eines Jahres mein Vermögen mehr als verdoppeln.

Ich hatte immer sehnlichst gewünscht, Griechisch lernen zu können; vor dem Krimkriege aber war es mir nicht rathsam erschienen, mich auf dieses Studium einzulassen, denn ich musste fürchten, dass der mächtige Zauber der herrlichen Sprache mich zu sehr in Anspruch nehmen und meinen kaufmännischen Interessen entfremden möchte. Während des Krieges aber war ich mit Geschäften dermassen überbürdet, dass ich nicht einmal dazu kommen konnte, eine Zeitung, geschweige denn ein Buch zu lesen. Als aber im Januar 1856 die ersten Friedensnachrichten in Petersburg eintrafen, vermochte ich meinen Wunsch nicht länger zu unterdrücken und begab mich unverzüglich mit grösstem Eifer an das neue Studium; mein erster Lehrer war Herr Nikolaos Pappadakes, der zweite Herr Theokletos Vimpos, beide aus Athen, wo der letztere heute Erzbischof ist. Wieder befolgte ich getreulich meine alte Methode, und um mir in kurzer Zeit den Wortschatz anzueignen, was mir noch schwieriger vorkam als bei der russischen Sprache, verschaffte ich mir eine neugriechische Uebersetzung von «Paul et Virginie» und las dieselbe durch, wobei ich dann aufmerksam jedes Wort mit dem gleichbedeutenden des französischen Originals verglich. Nach einmaligem Durchlesen hatte ich wenigstens die Hälfte der in dem Buche vorkommenden Wörter inne, und nach einer Wiederholung dieses Verfahrens hatte ich sie beinahe alle gelernt, ohne dabei auch nur eine Minute mit Nachschlagen in einem Wörterbuche verloren zu haben. So gelang es mir, in der kurzen Zeit von sechs Wochen die Schwierigkeiten des Neugriechischen zu bemeistern; danach aber nahm ich das Studium der alten Sprache vor, von der ich in drei Monaten eine genügende Kenntniss erlangte, um einige der alten Schriftsteller und besonders den Homer verstehen zu können, den ich mit grösster Begeisterung immer und immer wieder las.

Nun beschäftigte ich mich zwei Jahre lang ausschliesslich mit der altgriechischen Literatur, und zwar las ich während dieser Zeit beinahe alle alten Classiker cursorisch durch, die Ilias und Odyssee aber mehrmals. Von griechischer Grammatik lernte ich nur die Declinationen und die regelmässigen und unregelmässigen Verba; mit dem Studium der grammatischen Regeln aber verlor ich auch keinen Augenblick meiner kostbaren Zeit. Denn da ich sah, dass kein einziger von all den Knaben, die in den Gymnasien acht Jahre hindurch, ja oft noch länger, mit langweiligen grammatischen Regeln gequält und geplagt werden, später im Stande ist, einen griechischen Brief zu schreiben, ohne darin Hunderte der gröbsten Fehler zu machen, musste ich wol annehmen, dass die in den Schulen befolgte Methode eine durchaus falsche war; meiner Meinung nach kann man sich eine gründliche Kenntnis der griechischen Grammatik nur durch die Praxis aneignen, d. h. durch aufmerksames Lesen classischer Prosa und durch Auswendiglernen von Musterstücken aus derselben. Indem ich diese höchst einfache Methode befolgte, lernte ich das Altgriechische wie eine lebende Sprache. So schreibe ich es denn auch vollständig fliessend und drücke mich ohne Schwierigkeit darin über jeden beliebigen Gegenstand aus, ohne die Sprache je zu vergessen. Mit allen Regeln der Grammatik bin ich vollkommen vertraut, wenn ich auch nicht weiss, ob sie in den Grammatiken verzeichnet stehen oder nicht. Und kommt es vor, dass jemand in meinen griechischen Schriften Fehler entdecken will, so kann ich jedesmal den Beweis für die Richtigkeit meiner Ausdrucksweise dadurch erbringen, dass ich ihm diejenigen Stellen aus den Classikern recitire, in denen die von mir gebrauchten Wendungen vorkommen.

Unterdessen nahmen meine kaufmännischen Geschäfte in Petersburg und Moskau einen stets günstigen Fortgang. Ich war als Kaufmann ungemein vorsichtig; und obgleich ich bei dem schrecklichen Krach der furchtbaren Handelskrisis des Jahres 1857 auch von einigen harten Schlägen betroffen wurde, so thaten mir dieselben doch keinen erheblichen Schaden, und selbst jenes unglückliche Jahr brachte mir schliesslich noch einigen Gewinn.

Im Sommer 1858 nahm ich mit meinem verehrten Freunde Professor Ludwig von Muralt in Petersburg meine Studien der lateinischen Sprache wieder auf, die fast 25 Jahre lang geruht hatten. Jetzt, wo ich Neu- und Altgriechisch konnte, machte mir das Lateinische wenig Mühe, und ich hatte es mir bald angeeignet.

Im Jahre 1858 schien mir mein erworbenes Vermögen gross genug, und ich wünschte mich deshalb gänzlich vom Geschäft zurückzuziehen. Ich reiste zunächst nach Schweden, Dänemark, Deutschland, Italien und Aegypten, wo ich den Nil bis zu den zweiten Katarakten in Nubien hinauffuhr. Hierbei benutzte ich die günstige Gelegenheit, Arabisch zu lernen, und reiste dann durch die Wüste von Kairo nach Jerusalem. Darauf besuchte ich Petra, durchstreifte ganz Syrien und hatte so fortdauernd Gelegenheit, eine praktische Kenntniss des Arabischen zu erwerben; ein eingehendes Studium der Sprache nahm ich erst später in Petersburg vor. Nach der Rückkehr aus Syrien besuchte ich im Sommer 1859 Smyrna, die Cykladen und Athen und war eben im Begriff, nach der Insel Ithaka aufzubrechen, als ich vom Fieber befallen wurde. Zugleich kam mir auch die Nachricht aus Petersburg zu, dass der Kaufmann Stepan Solovieff, der fallirt hatte und nach einer zwischen uns getroffenen Vereinbarung die bedeutenden Summen, die er mir schuldete, innerhalb vier Jahren und zwar in jährlichen Raten zurückzahlen sollte, nicht nur den ersten Termin nicht innegehalten, sondern überdies bei dem Handelsgerichte einen Process gegen mich angestrengt hatte. Unverzüglich kehrte ich nach Petersburg zurück, die Luftveränderung curirte mich vom Fieber, und in kürzester Zeit gewann ich auch den Process. Nun aber appellirte mein Gegner bei dem Senat, wo kein Process in weniger als drei bis vier Jahren zur Entscheidung gelangen kann, und da meine persönliche Gegenwart unumgänglich nothwendig war, nahm ich meine Handelsgeschäfte, sehr wider Willen, von neuem auf, und zwar diesmal in weit grösserm Maasstabe als je zuvor. Vom Mai bis October 1860 belief sich der Werth der von mir importirten Waaren auf nicht weniger als 10 Millionen Mark. Ausser in Indigo und Olivenöl machte ich in den Jahren 1860 und 1861 auch in Baumwolle sehr bedeutende Geschäfte, die durch den amerikanischen Bürgerkrieg und die Blokade der südstaatlichen Häfen begünstigt wurden und grossen Gewinn gaben. Als die Baumwolle aber zu theuer wurde, gab ich sie auf und machte grosse Geschäfte in Thee, dessen Einfuhr auf dem Seewege vom Mai 1862 an gestattet wurde. Da indessen im Winter von 1862 auf 1863 die Revolution in Polen ausbrach, und die Juden die dort herrschende Unordnung benutzten, um riesige Quantitäten Thee nach Russland einzuschmuggeln, konnte ich, der ich immer den hohen Einfuhrzoll bezahlen musste, nicht die Concurrenz dieser Leute aushalten und zog mich daher wieder vom Theehandel zurück. Ich hatte damals noch 6000 Kisten auf Lager, die ich nur mühsam mit geringem Gewinn loswurde.

Da weiterhin der Himmel fortfuhr, allen meinen kaufmännischen Unternehmungen ein wunderbares Gelingen zu schenken, sah ich mich schon gegen Ende des Jahres 1863 in den Stand gesetzt, den Idealen, welche ich seit meiner Kindheit hegte, in ausgedehntestem Maasse nachzugehen. Inmitten allen Gewühls des geschäftlichen Lebens aber hatte ich nie aufgehört, an Troja zu denken und an die 1830 mit meinem Vater und Minna getroffene Uebereinkunft, es dereinst auszugraben. Wol hing mein Herz jetzt am Gelde, aber nur, weil ich dasselbe als Mittel zur Erreichung dieses meines grossen Lebenszweckes betrachtete. Ausserdem hatte ich nur mit Widerwillen und weil ich für die Zeit des langwierigen Processes mit Solovieff eine Beschäftigung und Zerstreuung brauchte, meine kaufmännische Thätigkeit wieder aufgenommen. Als daher der Senat die Appellation meines Gegners abgewiesen, und dieser mir im December 1863 die letzte Zahlung geleistet hatte, fing ich sofort an, mein Geschäft zu liquidiren. Bevor ich mich jedoch gänzlich der Archäologie widmete und an die Verwirklichung des Traumes meines Lebens ging, wollte ich noch etwas mehr von der Welt sehen. So reiste ich im April 1864 nach Tunis, nahm die Ruinen von Karthago in Augenschein, und ging von dort über Aegypten nach Indien. Der Reihe nach besuchte ich die Insel Ceylon, Madras, Kalkutta, Benares, Agra, Lucknow, Delhi, das Himalaya-Gebirge, Singapore, die Insel Java, Saigon in Cochinchina und verweilte dann zwei Monate in China, wo ich nach Hong-Kong, Canton, Amoy, Foochoo, Shangai, Tin-Sin, Peking und bis zur Chinesischen Mauer kam. Denn begab ich mich nach Jokohama und Jeddo in Japan, und von hier auf einem kleinen englischen Schiffe über den Stillen Ocean nach San-Francisco in Californien. Unsere Ueberfahrt dauerte 50 Tage, während deren ich mein erstes Buch «La Chine et le Japon» schrieb. Von San-Francisco ging ich über Nicaragua nach den östlichen Vereinigten Staaten, von denen ich die meisten durchreiste; dann besuchte ich noch Havanna und die Stadt Mexico, und liess mich endlich im Frühjahr 1866 in Paris nieder, um mich dauernd dem Studium der Archäologie zu widmen, das ich von nun an nur durch gelegentliche kürzere Reisen nach Amerika unterbrach."

Goldene Totenmaske eines mykenischen Fürsten;
von Schliemann als die Maske des Agamemnon bezeichnet

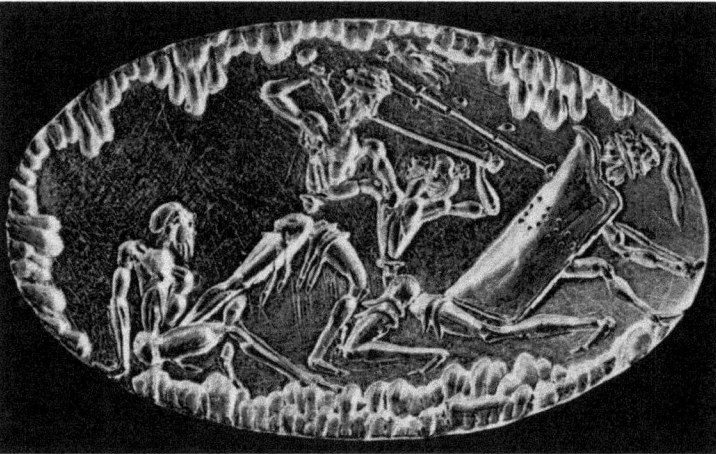

Mykenischer Siegelring: Kampf zwischen vier Männern

Der Hügel Hissarlik (Troja)

Kapitel 2

Erste Reise nach Ithaka, dem Peloponnes und Troja. 1868, 1869

"Endlich war es mir möglich, den Traum meines Lebens zu verwirklichen, den Schauplatz der Ereignisse, die für mich ein so tiefes Interesse gehabt, und das Vaterland der Helden, deren Abenteuer meine Kindheit entzückt und getröstet hatten, in erwünschter Musse zu besuchen. So brach ich im April 1868 auf und ging über Rom und Neapel nach Korfu, Kephalonia und Ithaka, welches letztere ich gründlich durchforschte."

In Ithaka bezeichnet das Volk den Berg Aëtos wegen einer alterthümlichen Ringmauer, welche den Gipfel umgibt, als die Burg des Odysseus. Wie sich Heinrich Schliemann an dieser Stelle zum ersten mal zu einer Ausgrabung entschloss, und mit welchen Gedanken er sie ausführte, berichtet er in seinem Buche «Ithaka, der Peloponnes und Troja»:

"Der Gipfel des Aëtos ist mit grossen, wagerecht liegenden Steinen besäet; doch sah ich hier und da einige Meter mit Gesträuch und Stauden bedeckt, welche mir anzeigten, dass hier auch Erde vorhanden sei. Sofort entschloss ich mich, überall, wo die Beschaffenheit des Bodens es erlauben werde, Ausgrabungen anzustellen. Da ich aber keine Werkzeuge bei mir hatte, so musste ich meine Nachforschungen bis auf den folgenden Tage verschieben.

Die Hitze war drückend; mein Thermometer zeigte 52 Grad Celsius; ich fühlte brennenden Durst und hatte weder Wasser noch Wein bei mir. Aber die Begeisterung, welche ich in mir fühlte, da ich mich mitten unter den Ruinen vom Palaste des Odysseus befand, war so gross, dass ich Hitze und Durst vergass. Bald untersuchte ich die Oertlichkeit, bald las ich in der Odyssee die Beschreibung der rührenden Scenen, deren Schauplatz dieser Ort gewesen ist; bald bewunderte ich die herrliche Rundsicht, welche sich auf allen Seiten vor meinen Augen entrollte und kaum derjenigen nachstand, an welcher ich mich acht Tage vorher in Sicilien vom Gipfel des Aetna aus erfreut hatte.

Am folgenden Tage, den 10. Juli, nachdem ich im Meere gebadet hatte, machte ich mich vom Dorfe, wo ich übernachtet, um 5 Uhr morgens mit vier Arbeitern auf den Weg. Von Schweiss durchnässt, langten wir um 7 Uhr auf dem Gipfel des Aëtos an. Zuerst liess ich durch die vier Männer das Gesträuch mit der Wurzel ausreissen, dann den nordöstlichen Winkel aufgraben, wo nach meiner Vermuthung sich der herrliche Oelbaum befunden haben musste, aus welchem Odysseus sein Hochzeitsbett vorfertigte und um dessen Standort er sein Schlafzimmer baute (Od. XXIII, 183-204). «*Im Innern des Hofes wuchs ein dicht belaubter Oelbaum, hoch, blühend und stark wie eine Säule; rings um ihn herum baute ich aus grossen Steinen das Ehegemach, bis ich es vollendet hatte, deckte es mit einem Dach und verschloss es mit dichten, fest eingefugten Thüren; darauf hieb ich die Zweige des dicht belaubten Oelbaumes ab, bearbeitete die Oberfläche des Stammes von der Wurzel aus, glättete ihn geschickt mit dem Erze nach der Richtschnur, machte daraus den Fuss des Bettes und durchbohrte ihn überall mit dem Bohrer; auf diesem Fusse baute ich das ganze Bett auf, belegte es mit Gold, Silber und Elfenbein und spannte Riemen von Rindsleder, mit glänzendem Purpur gefärbt, darin aus.*»

Indess wir fanden nichts als Trümmer von Ziegeln und Töpferwaaren, und in einer Tiefe von 66 Centimeter legten wir den Felsen bloss. In diesem Felsen waren allerdings viele Spalten, in welche die Wurzeln des

Oelbaumes hätten eindringen können; aber es war jede Hoffnung für mich verschwunden, hier archäologische Gegenstände zu finden.

Ich liess hierauf den Boden nebenan aufgraben, weil ich zwei Quadersteine entdeckt hatte, welche, wie es schien, einer Mauer angehört hatten, und nach dreistündiger Arbeit förderten die Arbeiter die beiden unteren Lagen eines kleinen Gebäudes zu Tage: die Steine desselben waren gut behauen und reichlich mit weissem Cement verbunden, also stammte der Bau erst aus später, vielleicht römischer Zeit.

Während meine Arbeiter mit dieser Ausgrabung beschäftigt waren, untersuchte ich die ganze Baustelle des Palastes mit der grössten Aufmerksamkeit, und als ich einen dicken Stein gefunden hatte, dessen Ende eine kleine Curvenlinie zu beschreiben schien, löste ich mit dem Messer die Erde vom Steine ab und sah, dass dieser einen Halbkreis bildete. Als ich mit dem Messer zu graben fortfuhr, bemerkte ich bald, dass man den Kreis auf der Seite durch kleine übereinander geschichtete Steine vervollständigt hatte, die so zu sagen eine Mauer im Kleinen bildeten. Ich wollte anfänglich diesen Kreis mit dem Messer aushöhlen, konnte aber meinen Zweck nicht erreichen, weil die Erde mit einer weissen Substanz, welche ich als die Asche calcinirter Knochen erkannte, gemischt und fast so hart wie der Stein selbst war. Ich machte mich also daran mit der Hacke zu graben; aber kaum war ich 10 Centimeter tief eingedrungen, so zerbrach ich eine schöne, aber ganz kleine, mit menschlicher Asche angefüllte Vase. Ich fuhr mit der grössten Vorsicht zu graben fort und fand ungefähr zwanzig ganz verschiedene Vasen von bizarrer Form. Einige lagen, andere standen. Leider zerbrach ich die meisten derselben beim Herausnehmen wegen der Härte der Erde und aus Mangel an guten Werkzeugen, und konnte nur fünf in unversehrtem Zustande fortbringen. Die grösste von ihnen ist nicht höher als 11 Centimeter. Zwei davon hatten recht hübsche Malereien, als ich sie aus der Erde zog; sie wurden aber fast unkenntlich, sobald ich sie der Sonne aussetzte. Ausserdem fand ich in diesem kleinen Familienkirchhofe die gekrümmte Klinge eines Opfermessers, stark mit Rost überzogen, ein Götzenbild von Thon, welches eine Göttin mit zwei Flöten im Munde darstellt; dann die Trümmer eines eisernen Degens, einen Eberzahn, mehrere kleine Thierknochen, und endlich eine Handhabe aus ineinander geschlungenen Bronzefäden. Fünf Jahre meines Lebens hätte ich für eine Inschrift hingegeben, aber leider! war keine vorhanden.

Obgleich das Alter dieser Gegenstände schwer zu bestimmen ist, so scheint es mir doch gewiss, dass die Vasen weit älter sind als die ältesten Vasen von Cumae im Museum zu Neapel, und es ist wohl möglich, dass ich in meinen fünf kleinen Urnen die Asche des Odysseus und der Penelope oder ihrer Nachkommen bewahre." So fest vertraute er auf seinen Homer und auf sein Finderglück. Sieben Jahre später, nach der Entdeckung der Fürstenschätze von Troja und Mykenae, hätte er sich das Grab des Herrschers von Ithaka prunkvoller vorgestellt! Er fährt fort in dem Berichte über diesen Tag:

"Nichts erregt mehr Durst, als die schwere Arbeit des Ausgrabens bei einer Hitze von 52 Grad in der Sonne. Wir hatten zwar drei ungeheuere Krüge voll Wasser und eine grosse, vier Liter Wein enthaltende Flasche mitgebracht. Der Wein reichte für uns aus, weil der Rebensaft Ithakas dreimal stärker ist als Bordeauxwein, aber unser Wasservorrath war bald erschöpft, und zweimal waren wir gezwungen ihn zu erneuern.

Meine vier Arbeiter hatten die Ausgrabung des nachhomerischen Hauses in derselben Zeit beendigt, in welcher ich mit der Aufgrabung des kleinen kreisrunden Kirchhofes fertig war. Ich hatte allerdings mehr Erfolg gehabt als sie; doch ich machte ihnen keinen Vorwurf darüber, da sie tüchtig gearbeitet hatten, und mehr als tausend Jahre können vergehen, ehe der blossgelegte Raum wieder von atmosphärischem Staube ausgefüllt wird.

Der Mittag kam, und wir hatten seit 5 Uhr morgens nichts gegessen; wir machten uns daher an unser Frühstück unter einem Oelbaum, ungefähr 15 Meter unterhalb des Gipfels. Unser Mahl bestand in trockenem Brot, Wein und Wasser, dessen Temperatur nicht unter 30 Grad war. Aber Erzeugnisse des Bodens von Ithaka waren es, welche ich genoss, und zwar im Palasthofe des Odysseus, vielleicht an derselben Stelle, wo er Thränen vergoss, als er seinen Lieblingshund Argos wiedersah, der vor Freude starb, als er seinen Herrn nach zwanzigjähriger Abwesenheit wiedererkannte, und wo der göttliche Sauhirt die berühmten Worte sprach:

«Denn der allwaltende Jupiter nimmt die Hälfte des Werthes dem Manne,
sobald der Tag der Knechtschaft ihn erreicht hat.»

Ich kann wohl sagen, dass ich niemals in meinem Leben mit grösserm Appetit gegessen habe als bei diesem frugalen Mahle im Schlosse des

Odysseus. Nach dem Frühstück ruhten meine Arbeiter anderthalb Stunden aus, während ich, die Hacke in der Hand, das Terrain auf der Baustelle des Palastes und zwischen den Einschliessungsmauern untersuchte, um womöglich weitere Entdeckungen zu machen. Ueberall wo die Beschaffenheit des Bodens die Möglichkeit zuliess, etwas zu finden, machte ich Merkzeichen, um an diesen Stellen mit den Arbeitern Ausgrabungen zu veranstalten. Um 2 Uhr machten sie sich wieder an die Arbeit und setzten sie bis 5 Uhr fort, aber ohne den geringsten Erfolg. Da ich indess die Ausgrabungen am Morgen des folgenden Tages von neuem beginnen wollte, so liessen wir die Werkzeuge oben auf dem Berge und kehrten nach Vathy zurück, wo wir abends 7 Uhr ankamen."

Bei seinen Streifzügen durch Ithaka bestätigte sich ihm allenthalben, dass die Oertlichkeit der Insel mit den Angaben der Odyssee übereinstimmte. In rohem, cyklopischem Gemäuer erkannte er die Ställe des Eumaios wieder und fand am Meeresstrande die Tropfsteinhöhle der Nymphen, in welcher die Phäaken den schlummernden Odysseus niederlegten. Wie er zum «Felde des Laërtes» kommt, erzählt er:

"Bald kam ich auf dem Felde des Laërtes an, wo ich mich niedersetzte, um auszuruhen und den 24. Gesang der Odyssee zu lesen. Die Ankunft eines Fremden ist schon in der Hauptstadt von Ithaka ein Ereigniss; wie viel mehr noch auf dem Lande. Kaum hatte ich mich gesetzt, so drängten sich die Dorfbewohner um mich und überhäuften mich mit Fragen. Ich hielt es für das Klügste, ihnen den 24. Gesang der Odyssee vom 205. bis 412. Verse laut vorzulesen und Wort für Wort in ihren Dialekt zu übersetzen. Grenzenlos war ihre Begeisterung, als sie in der wohlklingenden Sprache Homer's, in der Sprache ihrer glorreichen Vorfahren vor dreitausend Jahren, die schrecklichen Leiden erzählen hörten, welche der alte König Laërtes gerade an der Stelle erduldet hatte, wo wir versammelt waren, und bei der Schilderung seiner hohen Freude, als er an demselben Orte nach zwanzigjähriger Trennung seinen geliebten Sohn Odysseus, den er für todt gehalten hatte, wiederfand. Aller Augen schwammen in Thränen, und als ich meine Vorlesung beendet hatte, kamen Männer, Frauen und Kinder, alle an mich heran und umarmten mich mit den Worten: *«Du hast uns eine grosse Freude gemacht, wir danken dir tausendmal.»*

Man trug mich im Triumph ins Dorf, wo alle miteinander wetteiferten, mir ihre Gastfreundschaft in reichstem Maasse zutheil werden zu lassen, ohne die geringste Entschädigung dafür annehmen zu wollen. Man wollte mich nicht eher abreisen lassen, als bis ich einen zweiten Besuch im Dorfe versprochen hatte.

Endlich, gegen 10 Uhr morgens, setzte ich meinen Marsch auf dem Abhange des Berges Anoge (des alten Neritos) fort, und nach anderthalb Stunden kamen wir in dem reizenden Dorfe Leuke an. Man war schon von meinem Besuche unterrichtet, und die Einwohner, mit dem Priester an der Spitze, kamen mir in einer beträchtlichen Entfernung vom Dorfe entgegen, empfingen mich mit dem Ausdruck der lebhaftesten Freude und gaben sich nicht eher zufrieden, als bis ich allen die Hand gedrückt hatte. Es war Mittag, als wir im Dorfe ankamen, und da ich noch die Stelle des alten Polisthales und seine Akropolis, das Dorf Stavros und das Kloster der heiligen Jungfrau auf dem Gipfel des Anoge zu besuchen vorhatte, so wollte ich mich in Leuke nicht aufhalten. Aber man bat mich so dringlich, einige Stellen aus der Odyssee vorzulegen, dass ich mich endlich gezwungen sah nachzugeben. Um von allen verstanden zu werden, nahm ich einen Tisch unter einer Platane mitten im Dorfe als Tribüne und las mit lauter Stimme den 23. Gesang der Odyssee von Vers 1-247 vor, wo erzählt wird, wie die Königin von Ithaka, die keuscheste und beste der Frauen, ihren angebeteten Gemahl nach zwanzigjähriger Trennung wiedererkennt. Obgleich ich dieses Kapitel schon unzählig oft gelesen habe, so war ich doch stets beim Lesen desselben lebhaft gerührt, und den nämlichen Eindruck machten diese prächtigen Verse auf meine Zuhörer; alle weinten und ich weinte mit. Nach Beendigung meiner Vorlesung wollte man mich durchaus bis zum folgenden Tage im Dorfe behalten, aber ich lehnte dies entschieden ab. Mit grosser Mühe gelang es mir endlich, mich von diesen braven Dorfbewohnern zu trennen, aber nicht ohne vorher mit ihnen angestossen und jeden geküsst zu haben."

So wanderte der Sechsundvierzigjährige begeisterten Herzens zu den Stätten, von denen Homer gesungen, und sie enthüllten sich seinem naiven Sinne in der heutigen Umgebung. Nach Ithaka waren sein nächstes Ziel die nahe beieinander in der argivischen Landschaft des Peloponnes gelegenen Burgen von Mykenae und Tiryns. Vor dem Burgthore von Mykenae, über welchem die Löwen noch heute wie vor drei Jahrtausenden ihre Wacht halten, kam er auf den Gedanken, dass den Worten des Pausanias nach die Gräber des Agamemnon und des Atreus innerhalb der Mauer der Burg, nicht innerhalb des weitern Mauerkreises der Stadt Mykenae zu denken seien, wie man bisher angenommen hatte. Er sah, dass dort über den gewaltigen Trümmern heroischer Herrlichkeiten viel Schutt lag, welcher die Schätze des goldreichen Mykenae bergen konnte. Aber für diesmal ging er an dieser Aufgabe vorüber, sein Interesse war gebannt an die vornehmlichen Schauplätze von Ilias und Odyssee, er eilte nach Troja. Im Piräus schiffte er sich nach Konstantinopel ein, um noch am Tage der Ankunft von dort zu den Dardanellen zurückzukehren, bei welchen das Schiff auf seiner ununterbrochenen Fahrt vordem nicht angehalten hatte.

Fast allgemein betrachtete man damals als die Stätte der homerischen Stadt Ilios die steile Höhe oberhalb des Dorfes Bunarbaschi, an welcher vorbei sich der Skamanderfluss den Eintritt in die Ebene erzwingt, die an der Nordwestecke Kleinasiens mündet. Denn dort wollte am Ende des vorigen Jahrhunderts ein französischer Gelehrter eine warme und eine kalte Quelle gesehen haben, genau entsprechend den Quellen, an welchen nach den Versen der Ilias die Frauen und schönen Töchter der Troer ihre glänzenden Gewänder wuschen; und ein Reisender wie Moltke hatte den Entscheid gegeben, dass man an dieser Stelle jederzeit sich anbauen würde, wenn es gälte eine unersteigbare Burg zu gründen. Aber diesmal ist der Feldherr unterlegen.

"Ich gestehe", schreibt Schliemann bei seiner Ankunft in Bunarbaschi, "dass ich meine Rührung kaum bewältigen konnte, als ich die ungeheuere Ebene von Troja vor mir sah, deren Bild mir schon in den Träumen meiner ersten Kindheit vorgeschwebt hatte. Nur schien sie mir beim ersten Blicke zu lang zu sein und Troja viel zu entfernt vom Meere zu liegen, wenn Bunarbaschi wirklich innerhalb des Bezirks der alten Stadt erbaut ist, wie fast alle Archäologen, welche den Ort besucht haben, behaupten." Dieser Zweifel war in seiner genauen Kenntniss des Homer begründet. Die Worte Homer's galten ihm, wie er selbst es ausdrückte, als ein Evangelium, sein Glaube daran war stark genug, ihn von vornherein über die gelehrten Scrupel hinwegzusetzen, wonach die Andeutungen der Oertlichkeit in den Versen der Ilias nur das Werk frei sie erschaffender dichterischer Phantasien seien. Die aufrichtige Begeisterung für die schlichte Wahrheit homerischer Schilderungen, welche das Leben des Mannes mit einem neuen Inhalte erfüllt hatte, empfand den Zweifel an den Thatsachen des besungenen Kampfes als einen beleidigenden Zweifel an der Ehrlichkeit der Person des ihn erhebenden Dichters. Da nun in der Ilias die Kämpfe der Griechen und Trojaner vom Schiffslager zur Stadt des Priamos hin- und herwogten und die Entfernung dazwischen an einem

Tage mehrfach durchmessen wurde, so stellte Schliemann an sein Ilion die Forderung, dass es an einem andern Orte näher der Küste gelegen habe als das drei Stunden davon entfernte Bunarbaschi. Wie hätte Achill den Hektor dreimal um die Mauern dieser Höhe verfolgen können, deren Abhänge nach dem Skamander zu kaum zu erklimmen sind? Bei der eingehenden Untersuchung der Gegend stellte sich heraus, dass es eine warme und eine kalte Quelle dort nicht gab, sondern was man dafür gehalten hatte, war ein Bezirk von an vierzig einzelnen Quellen ganz gleicher Wärme. Um aber vollkommen sicher zu gehen, so griff er auch hier wieder sofort zum Spaten; indessen die angestellten Ausgrabungen in und um die kleine Bergfeste herum, welche die Höhe von Bunarbaschi krönt, hatten nicht das für Troja erwartete Ergebniss. Wie Schliemann in dieser verwahrlosten Gegend lebte, wo die Hütten ein Ungeziefer beherbergen, vor welchem der Reisende flüchtet, um sein Nachtquartier im Freien aufzuschlagen, mögen folgende Zeilen veranschaulichen. "Erst um 5 Uhr abends verliess ich die kleine Citadelle, und nachdem ich wiederum von Süden nach Norden den ganzen Raum, welchen man für die Stelle des alten Troja hält, durchwandert hatte, stieg ich zum Skamander hinab und nahm mein Abendbrot ein, das nur in Gerstenbrot und Flusswasser bestand. Das Brot war durch die Hitze so trocken geworden, dass ich es nicht brechen konnte; ich legte es eine Viertelstunde ins Wasser, wodurch es weich wurde wie Kuchen. Ich ass mit Vergnügen und trank dazu aus dem Flusse. Das Trinken war jedoch beschwerlich; ich hatte keinen Becher und musste mich jedesmal aber den Fluss neigen, wobei ich mich auf die Arme stützte, welche bis zu den Ellbogen in den Morast einsanken. Aber doch war es eine grosse Freude für mich, das Wasser des Skamander zu trinken, und ich dachte lebhaft daran, wie tausend andere sich bereitwillig weit grössern Beschwerden unterwerfen würden, um diesen göttlichen Fluss zu sehen und sein Wasser zu kosten." Dieser Enthusiasmus für den Fluss, an welchem der Kampf der Helden getobt, war bei ihm nicht Phrase. Auch während der spätern Ausgrabungen auf Hissarlik verachtete er die frischern Quellen in der Nähe und liess für seine Person das Wasser so lange aus dem Skamander schöpfen, bis er durch wiederkehrende Fieberanfälle die Schädlichkeit desselben an sich erfuhr.

Also Bunarbaschi war Troja nicht. Wohl aber liegt nur eine Stunde vom Hellespont entfernt und von allen in Frage kommenden Punkten am weitesten dem Meere zu vorgeschoben der niedrige Hügel von Hissarlik, der letzte Ausläufer des Plateaus, welches die Thäler zweier Flüsse trennt, wie sie die Ilias voraussetzt, des Skamander und des Simois. "Sowie man den Fuss auf die trojanische Ebene setzt, wird man sofort beim Anblick des schönen Hügels von Hissarlik von Erstaunen ergriffen, der von der Natur dazu bestimmt zu sein scheint, eine grosse Stadt mit ihrer Citadelle zu tragen. In der That würde diese Stellung, wenn sie gut befestigt wäre, die ganze Ebene von Troja beherrschen, und in der ganzen Landschaft ist kein Punkt, der mit diesem verglichen werden kann." Von der niedern Höhe schweift der Blick über die Fluren und sanften Hügelketten entlang der Küste, weiter über das Meer hin zu dem Götterberge der Insel Samothrake und landeinwärts zum Ida. Eine Burg hier oben liess sich, wie es in der Ilias geschieht, als in der Ebene gelegen bezeichnen. Von hier, von der Plattform des Skäischen Thores herab mochten Priamos und Helena die wogenden Reihen der Griechenscharen auf dem Schlachtfelde überschauen und deren wohlbekannte Führer erkennen; von hier aus konnte die Stille der Nacht den Schall der troischen Siegeslieder hinüber tragen bis zum Lager des Agamemnon am Meere.

Der Boden des Hügels von Hissarlik gehörte und gehört noch heute fast zur Hälfte Herrn Frank Calvert, dem amerikanischen Consul in den Dardanellen. Dieser hatte in einer seiner vielen gelegentlichen Grabungen im Gebiete der Troas festgestellt, dass erst der Verfall von Tempeln und grössern Bauten spätgriechischer und römischer Zeit die heutige Ausdehnung des Hügels bewirkt habe. Es war dadurch gesichert, dass hier die Stelle der späten Neugründung Ilions lag. Dass im Kern des Hügels die Burg des Priamos stecken könne, war die Ueberzeugung Calvert's, welcher sich darin einigen vereinzelt gebliebenen Gelehrten anschloss. Durch die eigene Arbeit davon überführt, dass die herrschende Ansetzung bei Bunarbaschi aufzugeben sei, und durchdrungen, dass nur auf diesen Platz die Scene der Ilias passe, nahm Schliemann den Gedanken Calvert's auf und schrieb in dem Werke «Ithaka, der Peloponnes und Troja», welches er Anfang 1869 veröffentlichte: "Um zu den Ruinen der Paläste des Priamos und seiner Söhne, sowie zu denen der Tempel der Minerva und des Apollo zu gelangen, wird man den ganzen künstlichen Theil dieses Hügels fortschaffen müssen. Alsdann wird sich sicherlich ergeben, dass die Citadelle von Troja sich noch eine bedeutende Strecke über das anstossende Plateau ausdehnte; denn die Ruinen vom Palaste des

Odysseus, von Tiryns und von der Citadelle in Mykenae, sowie die grosse Schatzkammer Agamemnon's beweisen deutlich, dass die Bauwerke des heroischen Zeitalters grosse Ausdehnungen hatten." Wie viele Reisende waren durch die Landschaft gezogen, um den Kampfplatz von Achill und Hektor zu sehen! Aber ihre Forschungen waren bei einfacher Besichtigung der Gegend sozusagen an der Oberfläche geblieben. Schliemann verlieh der Glaube an Homer das sichere Vertrauen, dass eine auf den Grund gehende Ausgrabung die Trümmer der homerischen Welt uns vor die Augen stellen müsse. Die grosse Aufgabe, die sich hier bot, zu lösen, erfüllte ihn von nun an voll und ganz.

Ein Exemplar seines Reiseberichts nebst einer altgriechisch geschriebenen Dissertation sandte er an die Universität seines mecklenburgischen Vaterlandes, Rostock, und diese ertheilte ihm dafür die philosophische Doctorwürde.

Mykenischer Siegelring: Szene mit Frauen und Kultsymbol (Doppelaxt)

Goldener Siegelring aus Mykene: Zeremonie mit Phantasiewesen

44

Die Grabungen Schliemanns in Troja

Kapitel 3

Troja. 1871-1873

Am 11.October 1871 eröffnete Schliemann die erste seiner vier grossen Ausgrabungsperioden auf dem Hügel von Hissarlik, nachdem ihm der Ferman* der Hohen Pforte dazu durch die Vermittelung der Gesandtschaft der Vereinigten Staaten in Constantinopel ausgewirkt war. Bis 1873, wo er das Werk von seiner Seite zunächst vollendet glaubte, hat er im ganzen elf Monate an der Aufdeckung Trojas gearbeitet, nur darin unterbrochen von der Kälte des Winters und der gesundheitschädlichen Hitze des Hochsommers. Wenn man noch von dieser Zeit die zahlreichen griechischen und türkischen Feiertage, welche die gemischte Bevölkerung jener Gegend gewissenhaft beobachtet, und die Regentage im Frühling und Herbst abzieht, so leuchtet es ein, dass die gewaltigen Gräben, die er von allen Seiten in den Hügel hinein anlegen liess, bis zu einer so grossen

---

* Erlass

45

Ausdehnung nur gefördert werden konnten, indem der Herr des Werkes die ihm eigene Ausdauer auch von seinen Untergebenen zu fordern wusste.

Schon im Jahre zuvor war er einmal nach Hissarlik zurückgekehrt und hatte den Spaten angesetzt, aber übertriebene Entschädigungsansprüche, welche die türkischen Eigenthümer des Gebietes erhoben, ferner das Ansinnen, sofort nach der Ausgrabung die Gräben zuzuschütten, damit der Platz wiederum als Schafweide dienen könnte, hatten ihn gezwungen, die Arbeiten einzustellen, nachdem er erst fünf Meter tief in den Schutt hineingegraben und nur eine spätgriechische Mauer gefunden hatte.

Er kam von Athen nicht allein zur "heiligen Ilios". "Ich begab mich", wie er schreibt, "dorthin in Begleitung meiner Frau, Sophie Schliemann, die, eine Griechin, aus Athen gebürtig, und eine warme Bewundrerin des Homer, mit freudigster Begeisterung an der Ausführung des grossen Werkes theilnahm." Sie mussten zunächst ihr Quartier in einer Lehmhütte des Türkendorfes Chiblak nehmen, dann aber bauten sie auf die Höhe des Priamos selbst, wo zu ihren Füssen die Mauern seines Palastes wiedererstehen sollten, ein paar einfache Holzhäuser als Wohnstätten für sich und die Aufseher und zeitweise für einen Ingenieur und einen Zeichner. Auf der luftigen Höhe blies der Wind, sie wurden es inne, dass es kein leeres Beiwort war, wenn ihr Homer die Ilios 'von Winden umweht' genannt; in den Wintermonaten führte der von Thrakien her wehende Boreas eisige Kälte mit sich, sodass sie "um sich zu erwärmen weiter nichts hatten als den Enthusiasmus für das grosse Werk der Aufdeckung Trojas". Aber im Sommer brachte die frische Brise von der See her ersehnte Kühlung und reinigte die Luft von den Fieberdünsten, welche aus der von brütender Hitze bedrückten Ebene und deren Sümpfen emporstiegen. Unten auf der nahen Dardanellenstrasse zogen Tag für Tag die grossen Dampfer vom Mittelländischen zum Schwarzen Meere hin und her, während dort oben, abgeschieden von diesem Weltverkehre, die Beiden geschäftig waren, die Zeugen für die älteste Geschichte der classischen Länder zu erwecken. Von den niedern Höhenrücken am Meere sahen ihnen die Grabhügel zu, welche stolze Geschlechter über den Leichnamen des Achill und des Patroklos, des Aias und troischer Fürsten aufführen liessen. Auch an jene Denkmäler sollte die Frage nach ihrem Inhalte gestellt werden.

Wenn die Sonne den ersten Strahl über die Höhen des Ida sandte, so strömten aus den ringsumliegenden Dörfern stundenweit her Griechen und Türken in ihrer bunten Tracht zu Fuss und zu Esel zusammen, um sich dem Herrn der Ausgrabung zu stellen. Die Verlesung ihrer Liste bot die Gelegenheit, den einzelnen mit gutem Humor anzusprechen und ihn in vergnügter Stimmung ans Werk zu schicken. Viele der Arbeiter hatten ihre besondern, stets Heiterkeit erregenden Namen. Schliemann selbst sagt darüber: "Da ich bei meinen vielen Arbeitern nicht die Namen aller meiner Arbeiter im Gedächtniss behalten kann, so nenne ich sie je nach ihrem mehr oder weniger gottesfürchtigen, militärischen oder gelehrten Aussehen: Derwisch, Mönch, Pilgrim, Corporal, Doctor, Schulmeister u.s.w., und kaum habe ich einen solchen Namen gegeben, so wird der gute Mann von allen bei demselben so genannt, solange er bei mir ist. Auf diese Weise habe ich viele Doctoren, von denen keiner lesen und schreiben kann." Die ihm Vertrauteren unter den Griechen erhielten volltönende homerische Namen wie Agamemnon, Laomedon, Aeneas. Mancher armselige Türke wurde in seinem Dienste zum Pascha und Effendi erhoben. Die Zahl der Arbeiter schwankte in dieser ersten Ausgrabungsperiode zwischen 100 und 150. Zu ihrer Leitung und dringend nöthigen Beaufsichtigung dienten drei Aufseher. Aber Schliemann verliess sich nicht auf diese allein, er selbst war überall zur Stelle und trieb an, da ihm das Werk niemals rasch genug in die Tiefe fortschritt. Auch Frau Schliemann übernahm den Befehl über einen Trupp von 30-40 Arbeitern. Wo aber eine besonders schwierige und werthvolle Aufgabe sich darbot, wo es galt, aus der Schuttmasse einen zerbrechlichen Gegenstand heil herauszulösen, da griffen sie selbst unermüdlich zum Werkzeug. Der Europäer, welcher durch die in ihrer dumpfen Einsamkeit beschränkte Gegend reist, wird schnell zum Mittelpunkte des allgemeinen Interesses, und seiner höhern Einsicht werden alle möglichen Fragen zur Begutachtung vorgelegt. Wie viel mehr musste nun dieses eifrige Paar die Aufmerksamkeit der ganzen Umgegend erregen, welches Tag für Tag dort in dem Berge nach den verborgenen Schätzen suchte und die Erinnerung an die verklungene Sage von grossen Königen, die hier geherrscht, bei den Bewohnern des Landstriches wieder wachrief! Es war nicht die Neugier allein, welche für die Leute von Neochori, Jenischehr, Renkoi den Hügel Hissarlik zum Wallfahrtsort machte, sondern auch die wirkungsvollen Kuren, durch welche der «Effendi Schliemann» mit den ihm zu Gebote stehenden Arzneien die Kranken heilte. Ricinus, Arnica und Chinin, eines von den dreien bewährte sich bei jedem, oder wenigstens es schlug besser an als die wahnsinnigen Aderlässe, welche die Heilkunstbeflissenen der Dörfer bei jedem Anlass verordneten. Später freilich, als Virchow sich in Troja aufhielt, wurde Schliemann's ärztlicher Ruhm überboten. Virchow selbst hat in einem Anhangs zu «Ilios» seine Praxis dort anschaulich geschildert. Er heisst noch heute in Troja «der grosse Arzt», im Gegensatz zu Schliemann, welchen man den Effendi « Arzt» nennt.

Was wollte Schliemann in dem Berge finden? Er hoffte der civilisirten Welt den Beweis, an welchem niemand rütteln könne, aus den Trümmern selbst zu erbringen, dass die alte griechische Sage vom zehnjährigen Kampfe um Troja Wahrheit sei und Homer treu und ehrlich die Königsburg des Priamos geschildert habe. Der Beginn seiner Arbeit wurde bestimmt durch die Absicht, den Tempel der ilischen Athena, wo die Königin Hekabe und die troischen Frauen den Segen der Göttin auf ihre Stadt herabgefleht hatten, und die Festungsmauern der Pergamos, ein Werk des Poseidon und Apollon, aufzudecken. Den Tempel der Athena dachte er sich in der Mitte der Höhe auf der höchsten Spitze. Die Mauern des Poseidon aber, überdeckt vom Schutte der Jahrtausende, mussten um die Höhe herumlaufen und auf den Urboden gegründet sein. Denn dass vor dieser Gründung des Fürstensitzes der Hügel unbewohnt gewesen, schien aus den Worten Homer's hervorzugehen. Im 20. Gesange der Ilias heisst es, dass noch zu den Zeiten des Königs Dardanos, des sechsten Ahnes des Priamos, der Stamm der Troer mehr im Innern des Landes, am Fusse des fichtenreichen Ida, gewohnt habe.

Der Hügel Hissarlik bildete vor der Ausgrabung ein Oval von etwa 200 Meter Länge zu 150 Meter Breite. Gegen Norden und Westen fällt er steil in die Thäler des Mendere und Dumbreksu ab, im Süden und Osten geht er zu dem Plateau, dessen äusserstes Cap er ist, in sanfter Abflachung über. Durch diesen Hügel wollte Schliemann in der Mittelaxe einen Durchstich machen, von Norden nach Süden, da er so am kürzesten den Berg durchquerte und in der Mitte desselben den Tempel aufzufinden hoffte. Als er nun mit Hacke und Spaten seinen breiten Graben von Norden her anzulegen begann, stiess er zuerst bis zu einer Tiefe von 2 Metern auf spätgriechische Grundmauern aus grossen Quadern, welche zu einem etwa 20 Meter langen und 14 Meter breiten Gebäude gehörten. Die Inschriften, die dabei gefunden wurden, schienen es als ein Rathhaus, ein Buleuterion, frühestens aus der Zeit des Lysimachos zu bezeichnen, desjenigen Fürsten, welcher vom Reiche Alexander's des Grossen die Theile zu beiden Seiten des Hellespont regierte. Durch ihn war das vorher stark verfallene Ilion wieder mit einer mächtigen Ringmauer versehen und durch Uebersiedelung der Bewohner mehrerer umliegender Städtchen zu einem bedeutenden Gemeinwesen erhoben worden. Da aber das feste Ziel Schliemann's das auf den Urboden gegründete Troja war, so fühlte er sich gezwungen, die Mauern dieses spätgriechischen Gebäudes abzureissen.

Bis zu welcher Tiefe die Arbeiten vordringen mussten, um zu dem Urboden zu gelangen, sollte ein Brunnen lehren, dessen Mündung sich 2 Meter unter der heutigen Oberfläche zeigte. Er konnte erst aus den Zeiten des römischen Ilion stammen, da er aus mit Kalk verbundenen Blöcken gebaut war. Man räumte ihn aus, und siehe da, bis zu einer Tiefe von 17 Metern reichte das Mauerwerk hinab, hier erst ging der Brunnen in den Felsen über. Ein kleiner, vom Grunde des Brunnens aus angelegter Tunnel lehrte, dass in dieser erstaunlichen Tiefe nahe über dem Felsboden noch Hausmauern zu finden seien. Welch eine Geschichte musste dieser Berg gehabt haben, wie viele Geschlechter hatten wieder und wieder ihn besiedelt und waren vergangen, damit über den Trümmern ihrer Wohnungen die späten Nachkommen, welche gleich den Vorfahren die Vortheile dieser die Ebene einzig beherrschenden Höhe erkannten, ihre Wohnungen gründeten! Es lag offen, dass dort unten ein tiefes Geheimniss verborgen ruhte; welcher Art es war, zu enthüllen, kostete einen gewaltigen Aufwand an Arbeit und Geldmitteln, aber Schliemann scheute nicht davor zurück. "Die Schwierigkeiten", schrieb er, "vermehren nur mein Verlangen, das endlich vor mir liegende grosse Ziel zu erreichen und zu beweisen, dass die Ilias auf Thatsachen beruht und dass der grossen griechischen Nation diese Krone ihres Ruhmes nicht genommen werden darf. Keine Mühe will ich sparen, keine Kosten will ich scheuen, dahin zu kommen." Der Beweis, dass auf dieser Höhe ganz andere Schätze zu finden seien als in Bunarbaschi, war durch die Feststellung der Tiefe des Ansiedelungsschuttes erbracht.

Es begreift sich, dass sich des Entdeckers eine mächtige Erregung und Ungeduld bemeisterte, immer näher dem verdeckten Urboden zu gelangen, von welchem er die Bestätigung seiner homerischen Phantasien ersehnte. Er beseitigte daher, was sich ihm auf dem Wege dazu entgegenstellte. Unter den Fundamenten der hellenistischen und römischen Gebäude stiess die Hacke der Arbeiter eine Weile nur auf dürftiges Gemäuer aus lose aufeinander gelagerten kleinern Steinen. Vereinzelte Vasenscherben mit Malereien in der Weise der griechischen Thongefässe des sechsten bis vierten vorchristlichen Jahrhunderts, die sich dabei fanden, bewiesen ihm nur, dass die Arbeit immer tiefer vordringen müsse. Als diese Fundschichten in einer Tiefe von 4 bis 5 Metern überwunden waren, stiess man auf Funde ganz anderer Art. Der Boden war durchsetzt mit zerbrochenem Thongeschirr, aber statt der schön geschwungenen Formen und der bunt aufgemalten Ornamente griechischer Vasen waren es Gefässe, deren einziger Schmuck in einem eigenthümlichen Glanz bestand, der den einfarbig gelassenen grauen oder schwarzen, rothen oder gelben Thon gleichmässig überzog. Wenn die Malereien, in denen der griechische Töpfer die Heldensage seines Volkes nicht müde wurde zu erzählen, an diesem Geschirr fehlten, hatten sich statt dessen die Verfertiger der hier gefundenen Gefässe in der Bildung eigenthümlich bizarrer Formen des Ganzen gefallen. Kugelförmige Kannen mit übertrieben schlankem, schnabelförmigem Halse, mehrfach nicht einzeln gebildet, sondern zu zweien verkoppelt, schlanke Becher mit zwei weit ausladenden Henkeln, in welchen der Entdecker die von Homer oft genannte Form des 'depas amphikypellon' begrüsste, umfangreiche ovale Becken von gegen 2 Meter Durchmesser, ferner Thonkrüge, so gewaltig, dass in einem solchen bequem einer der Arbeiter als moderner Diogenes sein Nachtlager aufschlagen konnte, und neben derartigen Kolossen, welche eben durch ihre Ausdehnung bereits Achtung vor dem Können ihrer Verfertiger einflössten, wieder kleinstes, zierliches Geräth aus dem besten Thon für zarten Gebrauch hergerichtet. Dass all dieses Geschirr aus einem sehr hohen Alterthum stammte, ging nicht allein aus der Tiefe der Fundschicht hervor: es war zum guten Theil wie die prähistorischen Funde anderer Gegenden noch nicht mittels der Töpferscheibe hergestellt, sondern mit der Hand geformt; die Gefässe waren noch nicht von dem Formgefühl der Griechen durchdrungen, welche später lehrten, wie der Körper des Gefässes von einem freitragenden Fusse emporgehoben wird und wie aus dem Körper heraus die Linien der Mündung und der Handhaben sich entwickeln. Was hier gefunden wurde, hatte rohere Gestalt. Der kugelförmige Körper des Kruges sass unmittelbar auf dem Boden auf; wenn ein Fuss hinzugefügt wurde, so geschah es in der Form, dass man drei ungegliederte Stützen an den Körper anstossen liess. Der Henkel aber wurde vielfach so gestaltet, dass man einen Klumpen Thon an das Gefäss andrückte und diesen durchbohrte, um eine Schnur hindurchzuziehen. Indess bei aller Roheit bewies doch schon die Mannichfaltigkeit von Form und Farbe und ihre häufig ausgezeichnet sorgfältige Herstellung, dass es Reste der Cultur eines hochentwickelten Volkes waren.

Aber welches Volkes? Die Wissenschaft konnte aus diesen Denkmälern heraus kaum auf die Frage eine runde Antwort geben, denn was hier zum Vorschein kam, war Neues, Unerhörtes. Die Phantasie des Entdeckers suchte die Antwort in seinem Homer. Die sonderbarsten unter den Krügen, die er gefunden, waren solche, an deren Mündung in alterthümlichster Weise ein Paar grosse runde Augen, die Nase, der Stirnrand angegeben waren, der Deckel bildete die Form einer Mütze nach, und auf dem Körper des Gefässes deuteten kleine Scheiben die Brustwarzen und den Nabel an. Homer nennt die Athena eulenäugig.

Eulengesichtige Gefäße aus der Grabung von Troja

Die Gefässe mit diesen grossen runden Augen waren auf dem Platze gefunden, wo nach Homer ein Tempel der Athena gestanden. So freute sich Schliemann, in diesen Gefässen die urältesten troischen Abbilder der eulenäugigen Göttin zu besitzen. Von der Verehrung derselben Göttin schienen ihm längliche Marmor- und Schieferplättchen Zeugniss abzulegen, da sie an ihrem obern Ende eine ähnlich primitive Nachbildung eines Gesichtes zeigten; er fasste sie als Idole der Göttin auf. Aber wenn in

51

diesen Denkmälern die Spuren homerischer Cultur enthalten zu sein schienen, so gaben andere Funde merkwürdige, schwerer zu erklärende Räthsel auf. Tausende von kleinen durchbohrten, kugelartigen Gegenständen aus Thon, welche die Alterthumskunde zumeist als Spinnwirtel deutet, kamen im Schutte zum Vorschein. Nach vielerlei Gedanken über ihre sonderbare Form und ihre reichen eingeritzten Verzierungen hielt Schliemann sie schliesslich für Weihgeschenke an die Athena, die Schützerin der Frauenarbeit; aber als er sie fand und darauf das namentlich in asiatischen Denkmälern und Culten viel verwendete Zeichen der «Svastica»* sah, erklärte er in Anlehnung an namhafte Indiologen die runde Durchbohrung des Wirtels für das Zeichen der Centralsonne unserer arischen Urväter und die darauf angebrachte Verzierung als das Symbol des heiligen Feuers. Schriftähnliche Verschnörkelungen deutete sein Freund Emile Burnouf, der damalige Director der französischen Archäologischen Schule in Athen, ihm zuerst als Inschriften aus einem aller bekannten griechischen Schrift voraufgegangenen gräco-asiatischen Alphabete, ja auf einer von Schliemann aufgefundenen Vase wollte er sogar nichts anderes als eine rein chinesische Inschrift erkennen. Wir wollen über diese schwierigen Probleme kein Wort für und keines dawider sagen, es soll das hier nur erwähnt werden, um die Fremdartigkeit der Welt zu schildern, vor welche den Entdecker seine Funde stellten. Sollten wirklich die rohen steinernen Werkzeuge, die Hämmer aus Diorit, die Aexte aus Nephrit, welches tief aus dem Innern von Asien geholt war, die sägenartigen Messer aus Feuerstein und was sonst jeder Tag an mannichfaltigem Geräthe ans Licht brachte, die Reste des glanzvollen Reiches des Priamos und seiner kunstfertigen Unterthanen sein?

Solche Zweifel mussten vielfach auf den erregten Sinn des Finders eindringen, aber entmuthigen konnten sie ihn nicht. Als sich ihm diese primitive Cultur zum ersten mal darstellt, schreibt er: "Meine Ansprüche sind höchstbescheiden; plastische Kunstwerke zu finden hoffe ich nicht. Der einzige Zweck meiner Ausgrabungen war ja von Anfang an nur Troja aufzufinden, über dessen Baustelle von hundert Gelehrten hundert Werke geschrieben worden sind, die aber noch niemals jemand versucht hat durch Ausgrabungen ans Licht zu bringen. Wenn mir nun dies nicht gelingen sollte, dann würde ich doch überaus zufrieden sein, wenn es mir

---

* Hakenkreuz

nur gelänge, durch meine Arbeiten bis in das tiefste Dunkel der vorhistorischen Zeit vorzudringen und die Wissenschaft zu bereichern durch die Aufdeckung einiger interessanten Seiten aus der urältesten Geschichte des grossen hellenischen Volkes. Die Auffindung der Steinperiode, anstatt mich zu entmuthigen, hat mich daher nur noch begieriger gemacht, bis zu der Stelle vorzudringen, die von den ersten hierhergekommenen Menschen betreten worden ist, und ich will bis dahin gelangen, sollte ich selbst noch 50 Fuss zu graben haben."

Immer tiefer schnitten seine Gräben in den Schuttberg ein, immer schwieriger wurde es, aus einer Tiefe von 10 und mehr Metern heraus den durchsuchten Schutt wegzuschaffen, immer gefährlicher wurde die Arbeit im Grunde zwischen den hochragenden lockern Erdwänden. Nur wie durch ein Wunder wurden sechs Arbeiter gerettet, welche einmal eine niederstürzende Erdwand verschüttet hatte. Man hatte eine grosse, mit Asche und zahlreichen andern Brandspuren durchsetzte Schicht durchgraben, aber an Mauern war nichts Wesentliches bemerkt worden. Lockeres Geröll von Steinen wurde fortgeschafft; dass es die Burgmauer der Pergamos gewesen, sollte erst klar werden, als man an andern Stellen das Wesen dieser roben, aus unbehauenen Blöcken aufgeführten Bauten erkannte.

Als der grosse Graben, welcher in der kurzen Mittelaxe der Anhöhe zuerst nur von Norden her angelegt war, die ersehnten Grundmauern des Tempels der ilischen Athena nicht ans Licht förderte, ging Schliemann daran, auch von andern Seiten aus gegen die Mitte hin seine Gräben zu richten. Er hatte die Erlaubniss des Herrn Calvert erhalten, auch auf dessen Grundstück graben zu dürfen, und kaum waren hier im Nordwesten die Arbeiten begonnen, als man nahe der Oberfläche auf eine schöne Reliefplatte stiess. Sie zeigte den Sonnengott Helios in wehendem Gewande, den Strahlenkranz um das Haupt, wie er des Morgens auf sprengendem Viergespann am Firmamente hinaufzieht. Wichtiger noch als diese schöne Sculptur, welche als ein Rest des in hellenistischer Zeit erbauten Tempels der Athena gilt, waren die Entdeckungen, welche sich im Süden und Südwesten ergaben. Im Süden, 60 Meter in den Abhang des Hügels hinein, waren die Arbeiter auf eine mächtige Mauer gerathen, welche sich in gewaltiger Dicke unmittelbar auf dem Felsboden erhob und mässig geböscht noch bis zu einer Höhe von 6 Metern aufragte; die Trümmer um sie herum bewiesen, dass sie einst noch trotziger dagestanden hatte. Ihre Bauart aus unbehauenen, lose übereinanderliegenden Steinen, deren Fugen nur durch Erde ausgefüllt waren, entsprach dem höchsten Alterthum, ebenso wie ihre Stelle selbst und die Gegenstände, welche ringsum gefunden wurden. Rechts und links liess sie sich weiter verfolgen. Auf den Urboden war sie gegründet; wenn irgendeine Mauer, so musste sie die Ringmauer der Pergamos sein, das Werk, welches Poseiden und Apollon im Dienste des troischen Königs aufgeführt haben sollten. Die 15 Meter hohen Schuttmassen wurden fortgeräumt, um den Zug der Mauer weiter aufzudecken, und nachdem man 30 Meter vorgedrungen war, stiess man im Südwesten des Hügels auf eine breite stattliche Rampe, welche zu der Höhe der Mauer emporführte. Um ihre grossen Fussbodenplatten vor der Habgier der Eingeborenen zu schützen, welche unbewacht jedes antike Bauwerk abtragen, da es das beste Baumaterial hergibt, verbreitete Schliemann unter seinen Arbeitern die Legende, Christus sei diesen Weg zum Schlosse des Königs Priamos hinaufgezogen. So viel war daran wahr, dass dieser bei aller alterthümlichen Roheit majestätische Aufgang zum Burgthore und weiterhin zum Paläste des Herrschers führen musste. Die 100 Arbeiter, welche nun Schliemann an diesem Punkte versammelte, um den Weg dazu zu bahnen, gruben durch Massen von verbrannter Thonerde - dass sie die Luftziegel vom Oberbau der Burgmauer und des Thores waren, sollte sich später herausstellen - und dadurch wurde der Beweis erbracht, dass diese feste Burg einst in einer grossen Feuersbrunst zu Grunde gegangen war. Das also war das zerstörte Troja! Hier auf diesem Thore hatte den trojanischen Greisen die Schönste der Frauen, um deren Besitz der zehnjährige Kampf tobte, die Heldengestalten ihrer gottentstammten Feinde gewiesen, hier war das Skäische Thor! Alle aufgewandte Ausdauer, alle ertragene Mühe hatte gelohnt, die Begeisterung für die alte Sage, die durch ihn Wirklichkeit zu werden schien, triumphirte in der Brust des Entdeckers. "Möge dies heilige, erhabene Denkmal von Griechenlands Heldenruhm", so schrieb er damals, "fortan auf ewige Zeiten die Blicke der durch den Hellespont Fahrenden fesseln, möge es ein Wallfahrtsort werden für die wissbegierige Jugend aller künftigen Generationen und sie begeistern für die Wissenschaft, besonders für die herrliche griechische Sprache und Literatur." "Möge es", fuhr er fort, "die Veranlassung werden zur baldigen vollständigen Aufdeckung von Trojas Ringmauern, die nothwendigerweise mit diesem Thurme, höchst wahrscheinlich auch mit der auf der Nordseite von mir blossgelegten Mauer in Verbindung stehen müssen und deren Aufdeckung jetzt sehr leicht ist."

Ihn selbst trieb es vorerst, das Innere der Burg kennen zu lernen, in welcher allenthalben die Spuren des Brandes begegneten. Als nun nicht weit von dem Thore die dürftigen Mauern eines Hauses zum Vorschein kamen, welches aus mehrern, doch nicht eben grossen Gemächern bestand, so führte ihn die Lage zu dem Thore darauf, dass dieses Gebäude das Haus des Priamos selbst sein müsse. Erst in spätern Jahren zeigte es sich, dass das Haus schon über den Trümmern der zweiten, der verbrannten Stadt angelegt war und dass die Paläste der Pergamos ein weit stattlicheres Aussehen hatten. Zunächst sollte noch ein neuer unerwarteter Fund in der Nähe dieses Gebäudes jene Annahme scheinbar bestätigen. Das war der grosse vielbesprochene «trojanische Schatz».

Ein Graben von Westen her war im Mai 1873 nach Durchbrechung verschiedener Ringmauern auf die Fortsetzung der grossen Pergamosbefestigung gestossen. "Während wir", so erzählt Schliemann, "an dieser Umfassungsmauer vordrangen und immer mehr von ihr aufdeckten, traf ich dicht neben dem alten Hause, etwas nordwestlich von dem Thore, auf einen grossen kupfernen Gegenstand von sehr merkwürdiger Form, der sogleich meine ganze Aufmerksamkeit um so mehr auf sich zog, als ich glaubte, Gold dahinter schimmern zu sehen. Auf dem Kupfergeräthe aber lag eine steinharte 5 Fuss starke Schicht röthlicher und brauner calcinirter Trümmer, und über dieser wieder zog sich die 5 Fuss dicke und 20 Fuss hohe Befestigungsmauer hin, die kurz nach der Zerstörung Trojas errichtet sein muss. Wollte ich den werthvollen Fund für die Alterthumswissenschaft retten, so war es zunächst geboten, ihn mit grösster Eile und Vorsicht vor der Habgier meiner Arbeiter in Sicherheit zu bringen: deshalb liess ich denn, obgleich es noch nicht die Zeit der Frühstückspause war, unverzüglich zur Pause rufen. Während nun meine Leute durch Ausruhen und Essen in Anspruch genommen waren, löste ich den Schatz mit einem grossen Messer aus seiner steinharten Umgebung, ein Unternehmen, das die grösste Anstrengung erforderte und zugleich im höchsten Maasse lebensgefährlich war, denn die grosse Befestigungsmauer, unter welcher ich graben musste, drohte jeden Augenblick auf mich herabzustürzen. Aber der Anblick so zahlreicher Gegenstände, deren jeder einzelne für die Archäologie von unschätzbarem Werthe sein musste, machte mich tollkühn und liess mich an die Gefahr gar nicht denken. Doch würde trotzdem die Fortschaffung des Schatzes mir nicht geglückt sein, wenn nicht meine Gattin mir dabei behülflich gewesen wäre; sie stand, während ich arbeitete, neben mir, immer bereit, die von mir ausgegrabenen Gegenstände in ihren Shawl zu packen und fortzutragen." Pfundschwere goldene Becher, grosse silberne Kannen, goldene Diademe, Armbänder, Halsketten, aus Tausenden von Goldplättchen mühsam zusammengeheftet, das konnte nur der prunkhafte Besitz eines mächtigen Herrschers über dieses Land gewesen sein.

Kaum je sind Träume einer phantasievollen Jugend so glänzend erfüllt worden. Was sein Homer besungen, das meinte der Entdecker nach jahrelangem Trachten jetzt mit Händen zu greifen. Er hatte in Priam's stolzer Feste geweilt, Schätze des unglücklichen Königs nannte er nun sein Eigen. Nach solchen Erfolgen überkam ihn ein Gefühl der Sättigung; er stellte am 17. Juni 1873, wie er meinte für immer, die Arbeiten ein und kehrte mit seinen Funden nach Athen zurück. Sofort machte er sich an die Veröffentlichung derselben. Bereits Neujahr 1874 war sein Buch "Trojanische Alterthümer" abgeschlossen, in dem er im wesentlichen die Berichte zusammenfasste, welche er von Hissarlik aus an die "Times" gesandt hatte. Dem Buche war ein Atlas von über 200 photographischen Tafeln beigefügt, welche Ansichten von den Ausgrabungen und deren Funden enthielten.

Mykenischer Siegelring: Kampfszene mit einem Löwen

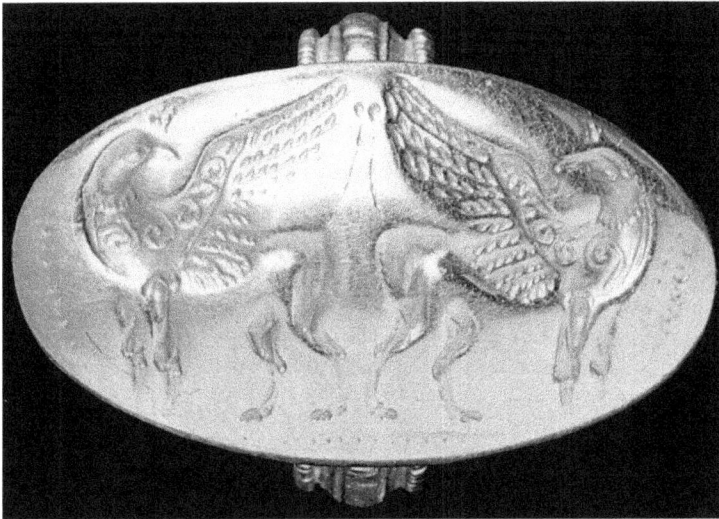

Goldener Siegelring: Greifendarstellung

Das Löwentor von Mykene

Kapitel 4

Mykenae. 1874-1878

Im Peloponnes, im äussersten Winkel des Thales von Argos, da, wo die Strassen ausgehen, um über die Berge nach Korinth zu gelangen, lag Mykenae. Ueber einem schmalen Thale zwischen zwei mächtigen Felskuppen war die Burg der Fürsten auf einer beherrschenden Höhe gegründet, so fest, aus so ungefügen Steinblöcken, dass ihre Mauern schon den Hellenen der klassischen Zeit als ein übermenschliches Werk des Volkes der Kyklopen erschienen. Der Sage nach hatten zuerst Perseus und sein Geschlecht, dann die Nachkommen des der Halbinsel den Namen gebenden Pelops, Atreus und Agamemnon, von hier aus das Land regiert. Aber sehr frühzeitig und noch vor der Epoche, in welcher die Ereignisse der Geschichte sich auf einzelne Jahre und Jahrzehnte fixiren lassen, ist zu Gunsten der Stadt Argos Mykenaes Glanz verblichen. Was die Paläste der Könige an Kostbarkeiten enthielten, wurde bis auf wenige im Staub verschwundene Splitter fortgeführt, allein das werthlose und beschädigte Thongeschirr, welches massenhaft die Stätte bedeckte, fand bei den Bewohnern der kleinen Ansiedelung, die sich dort oben erhielt, keine Beachtung. Der Oberbau der Paläste verfiel, die Trümmer bildeten eine gleichmässige Schuttmasse, über welcher Jahrhunderte danach ein griechischer Tempel sich erhob. Nur die Blöcke der Ringmauern, obwol sie keine Klammer und kein Mörtel im Innern verband, trotzten durch ihre Grösse und Schwere aller Zerstörung und blieben zusammen mit den unterirdischen, in die Berge eingeschnittenen, kuppelförmig zugehenden Gräbern für Alterthum und Gegenwart die staunenerregenden Zeugen einer alterthümlichen fremdartigen Pracht. Diese wohlgefugten Mauern von zwei und mehr Meter langen Steinen waren von ganz anderer Natur als die von Troja, in denen der Entdecker das Skäische Thor des Priamos erkannt hatte. Während dort für die kleinen losen Blöcke die Gefahr bestand, dass die modernen Bewohner mit leichter Mühe, wofern sie unbewacht blieben, dieselben fortnehmen könnten, hatte keine Barbarei an der Mächtigkeit der mykenischen Reste zu rütteln vermocht. Kaum hatte nun Schliemann die Arbeiten von Hissarlik fürs erste abgeschlossen, als es ihn, erfüllt von seiner Entdeckung der Wohnstätte des Priamos, drängte, den Sitz des mächtigsten Feindes des troischen Königs, das goldreiche Mykenae, wie es Homer pries, vom Schutte zu befreien.

Ausgang Februar 1874 finden wir Schliemann bereits damit beschäftigt, versuchsweise durch Anlegung von Schachten auf der Akropolis von Mykenae die Schutttiefe festzustellen. In seinem damals französisch geschriebenen Tagebuche notirt er am zweiten Tage den Fund eines kleinen alterthümlichen Kuhkopfes aus Thon, und wie er in Troja in den Gesichtsurnen die Züge der eulenäugigen Athena herauserkannt, so fragt er sich an diesem Tage bereits *"serait-ce une idole de Junon boopis?"*[*]. Er ging

---

[*] Übersetzung:
Ist dies ein Idol der kuhäugigen Juno?

dann noch einen Tag mit zwei Arbeitern zum Heräon, dem uralten Tempel der Schutzgöttin von Argos, Hera; im Tagebuche schreibt er darüber: *"Il faisait très froid; de mes deux ouvriers l'un avait la fièvre et ne voulait pas travailler, l'autre travaillait au commencement mais ne voulait pas continuer a cause du froid; je devais donc travailler seul."*

Nach Athen zurückgekehrt, erfuhr er, dass die türkische Regierung ein Gerichtsverfahren gegen ihn angestrengt hatte, mit dem Anspruche, die Hälfte der in Troja gemachten Funde ausgeliefert zu erhalten. Die Berechtigung dieses Anspruchs war zweifelhaft; mit allen seinen Phantasien hing der Entdecker an den Früchten seiner mühevollen Arbeit, und nun sollte er die Hälfte davon nach Konstantinopel fortgeben, wo damals noch keineswegs in dem Maasse wie heutzutage die Aussicht vorhanden war, dass die Funde in einem geordneten Museum der Forschung zugänglich sein würden. Ueber den Verlauf des Processes und der weitern Verhandlungen wegen Fortführung der Ausgrabungen in Troja berichtet er:

"Der Process wurde ein Jahr lang geführt und endigte mit einer Entscheidung des Gerichtshofes, zufolge deren mir die Zahlung einer Entschädigungssumme von 10000 Frs. an die türkische Regierung auferlegt wurde. Anstatt dieser 10000 Frs. nun übersandte ich im April 1875 dem türkischen Minister für Volksaufklärung die Summe von 50000 Frs. zur Verwendung für das kaiserliche Museum. In meinem Begleitschreiben sprach ich es als meinen lebhaften Wunsch aus, mit den Behörden des türkischen Reiches in gutem Einvernehmen zu bleiben, und hob zugleich hervor, dass ein Mann wie ich ihnen ebenso nöthig sein möchte wie sie mir. Meine Schenkung wurde von Sr. Exc. Safvet-Pascha, der damals Minister für Volksaufklärung war, in der freundlichsten Weise aufgenommen, und so konnte ich es wagen, mich gegen Ende December 1875 selbst nach Konstantinopel zu begeben, um mir einen neuen Ferman zur Erforschung Trojas auszuwirken. Schon stand durch den einflussreichen Beistand meiner verehrten Freunde, S. Exc. des

---

* Übersetzung:
Es war sehr kalt; von meinen beiden Arbeitern hatte der eine Fieber und wollte nicht arbeiten, der andere arbeitete anfangs, aber wollte wegen der Kälte nicht weiterarbeiten, so musste ich allein arbeiten

Ministerresidenten der Vereinigten Staaten, Mr. Maynard, S. Exc. des italienischen Gesandten, Grafen Corti, S. Exc. Safvet-Pascha, S. Exc. des Gross-Logotheten Aristarches-Bei, und zwar besonders durch des letztern unermüdlichen Eifer und grosse Energie, die Ausfertigung meines Fermans binnen kurzem zu erwarten, als plötzlich mein Gesuch von dem Reichsrathe abgewiesen wurde!

Nun übernahm es aber der Gross-Logothet Aristarches-Bei, mich bei Sr. Exc. dem im Juni 1876 ermordeten Raschid-Pascha, dem damaligen Minister der Auswärtigen Angelegenheiten, einzuführen, einem hochgebildeten Manne, der fünf Jahre lang Gouverneur von Syrien gewesen war. Es wurde mir nicht schwer, denselben für Troja und seine Alterthümer zu begeistern; er selbst ging zu Sr. Exc. dem Grossvezier Mahmud-Nedim-Pascha, bei dem er sich auf das wärmste für mich verwendete; und es währte denn in der That auch nicht lange, so ordnete ein Befehl des Grossveziers an, dass mir der Ferman ohne weitern Verzug eingehändigt werde. Es war gegen Ende April 1876, als ich endlich das wichtige Document erhielt, und unverweilt begab ich mich nun nach den Dardanellen, um meine Ausgrabungen fortzusetzen. Leider aber musste ich auch hier bei dem Generalgouverneur, Ibrahim-Pascha, auf entschiedenen Widerstand stossen. Derselbe war mit der Fortsetzung meiner Arbeiten durchaus nicht einverstanden, und der Grund hierfür war wahrscheinlich der, dass er, seit ich im Juni 1873 die Arbeiten eingestellt, den zahlreichen Reisenden, welche meine Ausgrabungen sehen wollten, eine Art von Ferman zu ertheilen pflegte, was bei Wiederaufnahme meiner Arbeiten natürlich nicht mehr nöthig gewesen sein würde. So wurde ich zunächst unter dem Vorwande, dass er die Bestätigung meines Fermans noch nicht erhalten habe, fast zwei Monate lang von Ibrahim-Pascha in den Dardanellen hingehalten, und als er mir dann endlich doch die Erlaubniss zum Beginn der Ausgrabungen gab, ordnete er mir in der Person eines gewissen Izzet-Efendi einen Aufseher bei, dessen einziges Amt darin bestand, mir Hindernisse in den Weg zu legen. Bald genug sah ich ein, dass es unter diesen Umständen unmöglich sein würde, mein Werk fortzusetzen; ich kehrte deshalb nach Athen zurück und schrieb von hier aus einen Brief an die «Times» (derselbe wurde am 24. Juli 1876 veröffentlicht), in welchem ich das Verhalten Ibrahim-Pascha's dem Urtheil der civilisirten Welt unterbreitete. Der Artikel fand seinen Weg auch in die Blätter von Konstantinopel - und infolgedessen wurde der Gouverneur im October 1876 in ein anderes Vilajet versetzt."

So kann es nach diesem Berichte erscheinen, als sei Schliemann bis Mitte 1876 ganz von den Verhandlungen für Troja in Anspruch genommen gewesen. Indessen währenddem finden wir den unermüdlichen Mann nicht nur auf einer ausgedehnten Reise durch das ganze festländische Griechenland, wo er allenthalben die berühmten Stätten besucht und in sein Reisetagebuch jeweils die Sagen des Ortes, diesmal in griechischer Sprache, einträgt; sondern zwischendurch vergleicht er in England, Deutschland und Italien die Sammlungen prähistorischer Denkmäler mit seinen trojanischen Funden, im October 1875 taucht er in Sicilien auf, mit Ausgrabungen in der alten phönikischen Festung Motye beschäftigt, doch stellt er nach einigen Tagen die Arbeiten ein, da die Funde aus dem fünften vorchristlichen Jahrhundert seinen vornehmlich auf ein höheres Alterthum gerichteten Sinn nicht befriedigten. Im April 1876 gräbt er, von Konstantinopel kommend, auf kurze Zeit in Kyzikos am Marmara-Meere, aber auch hier fesselten ihn die römischen Anlagen, auf welche er stiess, nicht länger als wenige Tage.

"Nun hätte ich", so lautet es in dem oben ausgeschriebenen Abschnitt der Selbstbiographie Schliemann's weiter, "ungehindert meine Ausgrabungen in Troja fortsetzen können; aber gegen Ende Juli schon hatte ich die Ausgrabungen in Mykenae wieder aufgenommen und konnte jetzt diese nicht verlassen, bevor ich nicht alle Königsgräber gründlich erforscht hatte. Es ist wohlbekannt, wie wunderbar glücklich die Erfolge waren, die meine Ausgrabungen begleiteten, wie ungeheuer gross und merkwürdig, die Schätze, mit denen ich die griechische Nation bereicherte. Bis in die fernste Zukunft werden Reisende aus allen Welttheilen in der griechischen Hauptstadt zusammenströmen, um im dortigen Mykenae-Museum die Ergebnisse meiner uneigennützigen Thätigkeit zu bewundern und zu studiren."

Die Wahrheit und Richtigkeit dieser selbstbewussten Worte kann niemand in Zweifel ziehen, auch der nicht, welcher wünschen möchte, dass die Aufregung des Entdeckers oftmals mehr gezähmt gewesen wäre, damit wir über die Art und Weise, wie das reiche Mobiliar der mykenischen Gräber aufgefunden worden ist, in völliger Klarheit uns befänden. Wer hierüber urtheilen will, muss freilich auch die Verhältnisse in Rechnung ziehen, welche dort an Ort und Stelle herrschten.

An drei Stellen setzten Schliemann's Arbeiten in Mykenae gleichzeitig ein. Die grossen, in den Abhang des Berges ausserhalb der Burg hineingebauten Kuppelräume hielt Schliemann ebenso wie der antike Baedeker Griechenlands, Pausanias, für Schatzhäuser des Pelopidenhauses. Hatte ein türkischer Pascha im Anfange dieses Jahrhunderts bei Grabungen in dem wohlerhaltenen sogenannten Schatzhause des Atreus, den Erzählungen der "ältesten Leute" nach, Schätze von Gold gefunden, so hoffte Schliemann, auf eben solche unter dem Schutte zu stossen, welcher einen verfallenen ähnlichen Bau, näher an der Akropolis, erfüllte. Die Grabungen dort leitete Frau Schliemann. Sie liess in der Mitte des Innenraumes bis auf den Grund graben und in dem schmalen Zugange zu der Thüre des Grabes den Schutt soweit forträumen, als es das Auftauchen späterer Einbauten und der Einspruch des um dieselben besorgten griechischen Ephoros, Herrn Stamatakis, erlaubte. Der Gewinn der Arbeit war vor allem die Auffindung einiger architektonischer Details vom Eingange. Danach war die mächtige Thür umrahmt von einer reichen bunten Architektur. Zu ihren beiden Seiten standen gefurchte Halbsäulen aus dunkelgrauem Alabaster, diese trugen ein Sims aus blaugrauem Marmor, an welchem runde Scheiben die Balkenköpfe der hier in Stein übersetzten Holzarchitektur nachbildeten. Ueber dem Sims war ein in der Mauer freigelassenes Dreieck durch grosse Platten von rothem Marmor ausgefüllt. Goldene Schätze aber kamen hier nicht zu Tage. Dass die Auffassung dieser Bauten als Schatzhäuser irrig war, sollte sich endgültig ein Jahr darauf bei einer Ausgrabung in Attika zeigen, wo man in einem Kuppelgrabe die noch unberührten Leichen fand, für deren prächtige Bestattung der Bau errichtet war.

Eine zweite Aufgabe erfüllte Schliemann, indem er das im Schutt versunkene Hauptthor der Burg freizulegen unternahm, über welchem die bis dahin als die ältesten Werke griechischer Bildhauerei geltenden Löwen die Wacht hielten. Wer heute zur Burg von Mykenae wandert, schreitet über die Schwelle, über die Agamemnon aus- und eingezogen ist.

Weitaus die bedeutendste und lohnendste Grabung aber war die unmittelbar hinter dem Löwenthor. Schon bei seinen Vorsuchsgrabungen im Jahre 1874 hatte Schliemann festgestellt, dass hier an der niedrigst gelegenen Stelle der Burg der Fels am tiefsten vom Schutte bedeckt sei. Er hielt es nach den Worten des Pausanias für wahrscheinlich, dass die Gräber des Herrscherhauses innerhalb der Burgmauer lägen und musste sich an die Worte erinnern, als bald nach Beginn der Arbeit in einer Tiefe von 3-5 m drei Grabsteine mit hochalterthümlichen Reliefs gefunden wurden. Die Reliefs stellten zwischen vielfach verschlungenen Spiralornamenten bewaffnete Männer auf Streitwagen dar, im Kampfe oder auf der Jagd begriffen. Als er noch zwei Grabsteine dieser Art aufgefunden, trägt er unterm 27. August in sein Tagebuch ein:

"These tombs can impossibly be those mentioned by Pausanias, for when he visited Mycenae (170 A. C.) even the posterior Hellenic city had probably already nearly four centuries ago disappeared; it had left a one metre thick layer of rubbish and the lower terrace of the acropolis was just as full of rubbish as it is now. Thus the tombs were at his time buried 4-5 m deep in the rubbish just as they are now"*.

Indessen er fügt auch bereits hinzu:

"And yet what he says about the tombs of Agamemnon and his companions killed by Aegysthos and Clytaemnestra can leave no doubt in any body's mind that he saw all the tombs in and not outside the acropolis."† Er grub dann weiter den mit zahlreichen sehr merkwürdigen Vasenscherben durchsetzten Erdboden ringsum ab und stiess allmählich auf einen doppelten Kreis von hohen Steinplatten, der in weitem Bogen die entdeckten Grabsteine umschloss.

Der Kreis war etwa freigelegt, als die türkische Regierung Schliemann aufforderte, dem Kaiser von Brasilien Den Pedro in den Ruinen von Troja als Führer zu dienen. Schliemann reiste auf 14 Tage hinüber und hatte danach die Ehre, dem hohen Herrn auch seine Ausgrabungen in Mykenae zu zeigen. Inzwischen hatte die Griechische Archäologische Gesellschaft die gefundenen Grabsteine in das aus den Fundstücken im Dorfe Charvati entstehende Museum schaffen lassen. Als die Steine fortgenommen waren, da, sagt Schliemann, zeigte es sich, dass sie nicht, wie vordem

---

* Übersetzung:
Diese Gräber können unmöglich jene sein, die Pausanias erwähnt, denn als er Mykenae besuchte (170 n.Chr.) war sogar die spätere hellenistische Stadt bereits seit 4 Jahrhunderten verschwunden, übriggeblieben war eine 1 Meter dicke Schuttschicht, und die untere Terrasse der Akropolis war genau so voll mit Schutt wie es heute ist. Infolgedessen waren die Gräber zu seiner Zeit unter 4-5 m Schutt begraben so wie heute

† Übersetzung:
Und doch was er sagt über die Gräber des Agammemnon und seiner Kameraden, die von Aegysthos und Clytaemnestra getötet wurden, hinterläßt keinen Zweifel, dass er die Gräber innerhalb und nicht außerhalb der Acropolis sah

angenommen, auf dem Felsboden gestanden hatten, sondern auf Erdreich, welches die Schachte erfüllte, die zur Herstellung der Gräber senkrecht in den Felsen hineingetrieben waren. In fünf solche Schachte grub man hinein, und nachdem in einiger Tiefe Steinlagen beseitigt waren, welche nach der Bestattung bei den Todtenopfern als Altäre gedient hatten, stiess etwa 6 m tief die Hacke auf den Grund. Auf dem Grunde aber lagen ausgebreitet in den fünf Gräbern an 15 Leichen, angethan mit einem überreichen, man darf sagen fabelhaften Goldschmucke.

Goldschmuck aus Mykene

Dass dies die Gräber einer Herrscherfamilie waren, daran konnte der Glanz ihrer Ausstattung keinen Augenblick einen Zweifel lassen. Goldene Masken, welche die Züge der Verstorbenen nachbildeten, lagen über dem Antlitz der Männer, goldene Platten, reich mit Spiralen verziert, deckten die Brust. Ueberladen mit Gold waren die Gewänder der Frauen, denn in einem Grabe, in welchem ihrer drei bestattet waren, wurden an 700 etwa fingerlange, reich gemusterte Goldplatten aufgefunden, welche, Schuppen gleich, die Kleider der fürstlichen Damen geschmückt haben müssen. Dazu hatten sie goldene Armspangen und Ohrgehänge und mächtige Diademe getragen, auch diese wieder mit mannichfaltigem Zierath. In ihrem Haar lagen grosse Nadeln mit Knöpfen aus Bergkrystall und kostbarem Glas, und den Hals umgaben Mengen von Gemmen, in welche viel merkwürdige Thierdarstellungen und Scenen aus dem Leben der Herrscher eingeschnitten waren. Aber damit, dass sie den Leichen das stolzeste Prachtgewand anlegten, liessen es die Hinterbliebenen nicht genug sein. Denn nicht nur vornehm in seiner Erscheinung sollte der verstorbene König ins Todtenreich einziehen; man gab ihm auch mit, was er dort drüben zum künftigen Leben nöthig hatte: kostbare Salben und Oel enthielten die irdenen, bronzenen, silbernen Krüge, die zu dem Leichnam gestellt wurden, silberne und goldene Becher, sein goldumsponnenes Scepter, seine kunstvoll mit Silber und Gold eingelegten Schwerter an goldenen Wehrgehängen geleiteten den Herrscher ins Grab. Und die Fürstinnen nahmen mit sich goldene Kästchen und Büchschen und die goldene Wage, ein noch nicht erklärtes Symbol.

Zum zweiten male hatte die Begeisterung, der Glaube an Homer zu einer Entdeckung ohnegleichen geführt. Auch in Troja hatte Schliemann königliche Schätze aus kostbarem Metall gefunden, aber wie kunstlos erschienen sie gegenüber dem Formenreichthum von Mykenae! Die trojanischen Meister hatten für ihren Fürsten genug geleistet, wenn sie nur aus dem theuern Stoffe Becher und Krüge hergestellt hatten, so gross und so schwer, als sie es mit ihren einfachen Handgriffen vermochten. Im Gegensatz dazu waren die Schätze von Mykenae Denkmäler einer gewaltig vorgeschrittenen Cultur, einer Cultur, welche weit über den Bildungsgrad der Naturvölker hinaus war, die bei der Beschränktheit ihrer Hausarbeit dem zum Leben nothwendigen Geräthe eine schlichte Form geben, sodass der geformte Stoff eben im Stande ist, seinem nächsten Zwecke zu dienen. Das Volk von Mykenae besass bereits eine Kunst, und stolz dieses Besitzes forderte es von seinen Künstlern und Handwerkern, dass sie alle Gebrauchsgegenstände durch ein reiches Linienspiel gefälliger Verzierungen prächtig verschönten. Das Handwerk der Töpfer malte auf die wohlgeformten Gefässe in glänzenden Farben verschlungene Linienmuster, vor allem den Reigen der Spiralen, und das, was an der Küste des Meeres an eigenthümlichen Wesen ins Auge fiel, als Algen und Muscheln, und Schnecken und Tausendfüssler. An höhere Vorwürfe wagte sich schon die vornehmere Kunst der Goldschmiede. Nicht allein, dass sie in jedes Goldblech, welches zum Schmucke der Adeligen gehörte, reiche und fein dahinfliessende Ornamente einpressten, sondern sie verstanden es auch meisterhaft, in eingelegter Arbeit mittels Gold und Silber und Email die Klingen der Schwerter mit farbenprächtigen, lebensvollen Bildern zu schmücken, ebenso wie sie in die goldenen Fingerringe Jagd- und Kampfscenen und schwer zu deutende Darstellungen, wie es scheint, des Gottesdienstes eingruben. Und wo der König das Symbol seiner Herrschaft angebracht verlangte, bildeten sie in edlem Metall den Stierkopf mit dem Doppelbeil darüber mit einem Verständniss, mit einer

Beherrschung der Formen des Thierkörpers, welche an die vollendetsten Zeiten der griechischen Kunst gemahnt.

Wiederum hatte Schliemann eine neue Welt für die Geschichte und die Kunst aufgefunden. Eine so verschwenderische königliche Pracht wäre den Griechen des Jahrtausends vor Christi Geburt jederzeit fremdartig, asiatisch erschienen. In der That war in den Einzelheiten der Funde vieles, was von den unmittelbarsten Beziehungen der alten Mykenaeer zu dem Orient und Aegypten Zeugniss ablegte. Charles Newton machte Schliemann zuerst darauf aufmerksam, dass in einem Grabe auf Rhodos mit "mykenischen" Vasen zusammen eine ägyptische Gemme aus der Zeit um 1400 v. Chr. gefunden sei, und in Mykenae selbst stimmte zu so hohem Alter die Tiefe der Fundschicht nicht minder wie der Gegensatz zu den ältesten sonst für uns datirbaren Denkmälern auf griechischem Boden. Zweifellos waren es Ueberbleibsel einer Herrscherfamilie von Mykenae aus der Zeit vor Homer, manche ihrer Prunkstücke erinnerten in auffallender Weise eben an Schilderungen, welche in den homerischen Gedichten zu lesen sind. Die Henkel an Nestor's Becher, den er nach Troja von Hause mitgenommen, waren mit vier Tauben verziert, und in einem der Gräber fand sich ein Becher, über dessen zwiefacher Handhabe goldene Tauben angebracht sind. Waren die Gräber etwa gar diejenigen selbst, welche Pausanias gesehen haben wollte, die Gräber des Agamemnon und der Seinen? Wir haben oben aus Schliemann's Tagebuch die Stelle ausgeschrieben, aus welcher hervorgeht, dass er im Beginn der Arbeit über die Unrichtigkeit einer solchen Annahme sich klar war. Denn, wie er selbst es sagte, zu Pausanias' Zeiten war diese Grabstätte mit einem viel zu tiefen Schutte bedeckt, als dass sich in spätgriechischer Zeit über sie überhaupt eine oder sicher keine so ins einzelne gehende Kunde erhalten haben konnte. Aber als er dann den blendenden Glanz königlicher Pracht vor sich sah, da glaubte Schliemann zu bemerken, dass einige der Leichen mit einer auffälligen Hast bestattet seien, wie sie zu der Sage von dem nachlässigen Begräbniss stimmte, welches die Klytaemnestra ihrem ermordeten Gatten angedeihen liess: da wallte die ihm im Blute liegende Phantasie auf und seine Natur kannte keinen Zweifel mehr, dass die von ihm entdeckten Gräber diejenigen seien, welche Pausanias erwähnte. Triumphirend telegraphirte er an den König von Griechenland:

A Sa Majesté le Roi George des Hellènes,
Athènes.

Avec une extrême joie j'annonce à Votre Majesté que j'ai découvert les tombeaux que la tradition, dont Pausanias se fait l'écho, désignait comme les sépulcres d'Agamemnon, de Cassandra, d'Eurymédon et de leurs camarades, tous tués pendant le repas par Clytemnestre et son amant Egisthe. Ils étaient entourés d'un double cercle parallèle de plaques, qui ne peut avoir été érigé qu'en honneur des dits grands personnages. J'ai trouvé dans les sépulcres des trésors immenses en fait d'objets archaïques en or pur. Ces trésors suffisent à eux seuls à remplir un grand musée, qui sera le plus merveilleux du monde, et qui, pendant des siècles à venir, attirera en Grèce des milliers d'étrangers de tous les pays. Comme je travaille per pur amour pour la science, je n'ai naturellement aucune prétention à ces trésors, que je donne avec un vif enthousiasme intacts à la Grèce. Que Dieu veuille que ces trésors deviennent la pierre angulaire d'une immense richesse nationale.

Mycènes, 16/28 Novembre 1876.
*Henry Schliemann.**

---

* Übersetzung:
An Seine Majestät König Georg von Griechenland, Athen.
Mit großer Freude verkünde ich Ihrer Majestät, dass ich die Gräber entdeckt habe, welche nach der Überlieferung - so bei Pausanias - die Gräber von Agamemnon, Kassandra, Eurymedon und ihrer Kameraden sind, sie alle wurden während der Mahlzeit von Klytaimnestra und ihrem Geliebten Aigysthos ermordet. Die Gräber waren umgeben von einem zweifachen Kreis aus Steinplatten, der nur zu Ehren solch wichtiger Persönlichkeiten errichtet worden sein kann. Ich fand in den Gräber gewaltige Schätze bestehend aus altertümlichen Gegenständen aus reinem Gold. Diese Schätze reichen allein aus, um ein großes Museum zu füllen, welches das beste der Welt sein wird, und welches in den kommenden Jahrhunderten tausende Ausländer aus allen Ländern anziehen wird. Da ich aus reiner Liebe für die Wissenschaft arbeite, erhebe ich keinen Anspruch auf diese Schätze, welche ich voll Enthusiasmus intakt Griechenland übergebe. Gäbe Gott, dass diese Schätze der Eckstein für einen gewaltigen nationalen Reichtum werden.
Mykenae, 16./28. November 1876 Heinrich Schliemann

Im December beendete er die Ausgrabungen in Mykenae. Nur sein Ingenieur Drosinos kehrte im Frühjahr des folgenden Jahres noch einmal dorthin zurück, um Pläne aufzunehmen, und benutzte die Zeit, um neben dem Kreise der grossen Gräber noch eine kleine, aber sehr glückliche Grabung vorzunehmen. Schliemann selbst war bereits dabei, seine Berichte an die "Times", mit welchen er das Publikum von dem Verlaufe seiner Arbeiten unterrichtet hatte, auszuführen und zu dem Buche "Mykenae" zusammenzufassen. Die Funde hatte er der Griechischen Archäologischen Gesellschaft übergeben, welche sie zu einem schönen Museum vereinigen und ordnen liess. Sie wurden photographirt und gezeichnet und in dem Buche, das wie alle spätern Werke Schliemann's im Verlage von F. A. Brockhaus in Leipzig erschien, in würdiger Form abgebildet, sodass das Buch ein weit mehr Vertrauen erweckendes Ansehen erhielt als es die etwas abenteuerlichen Abbildungen in dem ersten Werke über Troja, in den "Trojanischen Alterthümern", hatten. Während der Arbeit hielt sich Schliemann geraume Zeit in England auf, mit befreundeten Gelehrten die Fragen und Räthsel besprechend, welche der reiche Stoff der Forschung aufgab. Dort fand sein Glaube an den Dichter und dessen Sagen und fanden die Erfolge, die der self made man, von diesem Glauben getragen, errungen hatte, den lebhaftesten und dankbarsten Widerhall, während andernorts das Gefühl der Kritik, mit welcher die alte Sage auf ihren geschichtlichen Kern zu prüfen ist, überwog und damit sich eine vorsichtigere Stellungnahme zu den Schliemann-Funden verknüpfte. Der alte Gladstone selbst kam Schliemann's Aufforderung nach und schrieb ihm eine Vorrede, in welcher er zu begründen suchte, dass die Gräber des Agamemnon und der Kassandra leibhaftig gefunden seien. Das Buch erschien zugleich in englischer und deutscher Ausgabe Ende 1877, und eine französische Ausgabe beschäftigte Schliemann noch einen Theil des Jahres 1878.

Prunkvolles Golddiadem aus Mykene

Doppelhenkeliges Trinkgefäß aus Gold

Grabungsareal von Troja

Kapitel 5

Troja. Zweite und dritte Ausgrabung. 1878-1883

Schliemann's Lebenszweck war es geworden, mit Hacke und Spaten die Schauplätze der homerischen Gesänge aufzudecken. Dass eine wundersame wahrhafte Geschichte an den Stätten der Sage gespielt hatte, dafür hatte nun seine Beharrlichkeit den vollen Beweis erbracht. Die Denkmäler bezeugten es. Wäre eine so zähe Natur, welche für ein einmal ins Auge gefasstes Ziel jede Minute ihre volle Manneskraft einsetzte, noch einer Steigerung ihrer Thätigkeit fähig gewesen, so musste das nach solchen Erfolgen geschehen. Denn Rast und Musse nach gethaner Arbeit kannte Schliemann nicht. Eine Unternehmung folgte bei ihm Schlag auf Schlag der andern, wie er auch in seinem Tagewerke überhaupt längerer Erholung keine Zeit gegönnt hat. So nahm er, sobald die Arbeit an den mykenischen Gräbern vollendet war, die Ausgrabung in Troja wieder auf.

Als er im Jahre 1873 das Ausgrabungsfeld dort verliess, hatte er gehofft, dass eine wissenschaftliche Gesellschaft, etwa eine der staatlichen Akademien, durch seine Erfolge belehrt, die weitere Erforschung des Platzes in die Hand nehmen möchte. Aber das war nicht geschehen. Er ging daher selbst an die Fortführung des Werkes. Der Ferman, welcher ihm dann im Jahre 1876 erteilt war, hatte nur für zwei Jahre gegolten und war inzwischen abgelaufen. Die Erlangung eines neuen war wiederum mit mancherlei Schwierigkeiten verknüpft, indessen sie wurden überwunden durch die thätige Hülfe und Fürsprache des britischen Gesandten in Konstantinopel Sir Austen Henry Layard. Um die Zeit bis zur Ausfertigung des Fermans nicht unbenutzt verstreichen zu lassen, ging Schliemann zuvor noch einmal nach Ithaka und untersuchte genauer diejenigen Plätze, an welchen er vor zehn Jahren die Stadt des Odysseus, die Grotte des Phorkys, die Ställe des Eumaios aufgefunden zu haben meinte.

"Mit einer grossen Zahl von Arbeitern und mehrern Pferdekarren - so beschreibt er die Umstände, unter welchen er die Grabungen in Troja wieder eröffnete - nahm ich gegen Ende September 1878 meine Ausgrabungen in Troja wieder auf. Vorher schon hatte ich hölzerne, filzgedeckte Baracken bauen lassen, deren neun Zimmer für mich, meine Aufseher und Diener und zur Aufnahme von Besuchern bestimmt waren. Auch baute ich eine Holzbaracke, die zur Aufbewahrung werthloser Alterthümer und als kleiner Speisesaal diente, ferner einen hölzernen Schuppen, dessen Schlüssel der türkische Beamte in Verwahrung hatte, und welcher zur Aufbewahrung derjenigen Alterthumsfunde diente, die zwischen dem kaiserlich türkischen Museum und mir geteilt werden sollten; auch einen Schuppen zur Aufbewahrung meiner Werkzeuge, sowie der Schiebkarren, Handwagen und der verschiedenen bei den Ausgrabungen nöthigen Maschinen; ausserdem ein kleines aus Steinen erbautes Haus mit Küche und Bedientenstube, ein hölzernes Haus für meine zehn Gensdarmen und einen Pferdestall. Ich liess alle diese Gebäude auf dem Nordwestabhange von Hissarlik, der hier unter einem Winkel von 75° zur Ebene abfällt, errichten.

Die zehn Gensdarmen, sämmtlich rumelische Flüchtlinge, erhielten von mir monatlich 410 Mark; dafür waren sie mir aber auch von grösstem Nutzen, indem sie mich nicht nur gegen die Räuber, damals eine Plage der Troas, beschützten, sondern auch bei den Ausgrabungen ein wachsames

Auge auf meine Arbeiter hatten und diese dadurch zur Ehrlichkeit zwangen."

Die Arbeiten galten vornehmlich der weitern Aufdeckung des Gebäudes, welches 1873 oberhalb der grossen Rampe und dem Südwestthore aufgefunden war, und welches Schliemann wegen des nahe dabei entdeckten grossen Schatzes für den Palast des Priamos selbst hielt, trotz der ärmlichen Beschränktheit seiner Räume. Einige kleinere Funde an Goldschmuck bestätigten ihm zunächst seine Ansicht, wenn er auch, stutzig gemacht durch den Einspruch, den er von der gelehrten und der spottlustigen Welt erfahren hatte, von jetzt ab vorsichtiger den Bau "das Haus des letzten Königs oder Oberhauptes von Troja" nannte.

Der hereinbrechende Winter machte Ende November die Einstellung der Arbeit nöthig. Schliemann begab sich auf einige Monate nach Europa. Schon Ende Februar aber kehrt er zurück; weder Kälte noch Dunkelheit hindern ihn, tagtäglich unter dem Schutze seiner Gensdarmen nach der eine Stunde entfernten Küste so früh zum Seebade zu reiten, dass er noch vor Sonnenaufgang zum Beginn des Tagewerkes in Hissarlik zurück ist. Mit 150 Arbeitern hatten die Grabungen einen raschen Fortgang. Um auch andere Augen seine Entdeckungen prüfen zu lassen, hatte Schliemann schon von Mykenae aus an einige Gelehrte, namentlich an Rudolf Virchow in Berlin, Einladungen zum Besuche seiner Ausgrabungen ergehen lassen. Damals war seine Bemühung fruchtlos gewesen. Jetzt aber hatte er die aufrichtige Freude und Genugthuung, dass der beste deutsche Kenner vorgeschichtlicher Fundstätten an seinen Arbeiten ein warmes Interesse nahm und gemeinsam mit Emile Burnouf aus Paris sein Gast und Genosse des Werkes in Troja wurde. Der alte Satz, dass vier Augen mehr sehen als zwei, bewährte sich hier vortrefflich. Die Arbeit gewann an Umfang und Bedeutung durch die neuen Gesichtspunkte, welche die beiden Gelehrten mitbrachten: sie untersuchten die geologische Beschaffenheit der troischen Ebene und widerlegten den Einwand des Demetrios von Skepsis, des ältesten Zweiflers an der Lage von Troja, dass die troische Ebene, welche unter Hissarlik sich ausbreitet, erst nach der Zeit des trojanischen Krieges entstanden sei. Mit Virchow zusammen bereiste Schliemann bis hinauf zu den Höhen des Ida die Landschaft der Troas, die an Denkmälern alter Geschichte so reich ist. Virchow's Vermittelung war es auch zu danken, dass der deutsche Botschafter Graf Hatzfeld im Verein mit dem britischen, Sir Layard, bei der Hohen Pforte vorstellig wurden und den lang ersehnten

Ferman zu Grabungen an den grossen Grabhügeln der troischen Ebene auswirkten. Schon einmal, im Jahre 1873, hatte Frau Schliemann in den sogenannten Pascha-Tepeh einen Graben hineinfahren lassen, aber ohne dass dabei ein Grab entdeckt worden wäre. Nun machte sich Schliemann neben kleinern Grabungen in der Umgegend an die beiden mächtigsten unter den zahlreichen Grabhügeln, den Ujek-Tepeh und den Besika-Tepeh, welche beide, Land und Meer beherrschend, der eine 80, der andere 50 Fuss hoch über den Randhöhen der Besika-Bai anderthalb Stunden von Hissarlik aufragen. Der Umfang dieser fürstlichen Denkmäler war zu gewaltig, als dass man ihren Kern durch Abgraben der Erdmasse hätte aufdecken können. Daher wurden senkrecht und wagerecht Schachte und Tunnel hineingetrieben, eine sehr gefahrvolle Arbeit, welche indessen trotz aller aufgewandten Mühe nicht zur Auffindung der Gräber geführt hat. Man stiess im Kern des Ujek-Tepeh auf das Mauerwerk eines stattlichen 40 Fuss hohen Thurmes, welcher auf einer kreisrunden Lage von polygonalen Blöcken ruht. Da nun Schliemann nirgends auf die Gräber selbst stiess, so bildete er sich die Ansicht, dass diese Hügel, einer Sitte des griechischen Alterthums entsprechend, nur Scheingräber, Kenotaphe, seien, zu Ehren der Verstorbenen errichtet, deren Leichen in Wirklichkeit an anderm Orte beigesetzt wären. Während der Unternehmungen in der Umgegend wurde auch in Troja selbst mit Erfolg weiter gegraben. Man ging dem Umkreise der Ringmauern nach und suchte durch schichtweise Abräumung des höher liegenden Schuttes die sogenannte dritte Stadt, welche damals als die verbrannte galt, in grösserm Umfange blosszulegen. Die dritte, von unten gerechnet: denn allmählich war es klar geworden, dass unter der Schicht des "Hauses des Stadtoberhauptes" weit über den Hügel hin sich Mauern einer ältern Ansiedelung befanden und dass noch sechs Meter tief unter dieser Ansiedelung die Reste der Häuser der ältesten Menschen, wie es scheint, die überhaupt auf dem Boden von Hissarlik gewohnt haben, erhalten geblieben waren.

Im Juli 1879 beendete Schliemann die zweite seiner Ausgrabungsperioden in Troja und begab sich darauf nach Deutschland. Seiner Gewohnheit getreu nahm er die Ausarbeitung der Ergebnisse sofort in Angriff; drei Monate hindurch hielt er sich in Leipzig auf, um die Drucklegung so schnell wie möglich an Ort und Stelle zu betreiben. Das Buch "Ilios. Stadt und Land der Trojaner. Forschungen und Entdeckungen in der Troas und besonders auf der Baustelle von Troja", die Frucht seiner Arbeit bis Ende des Jahres 1880, bekundete gegenüber den frühern Werken Schliemann's, namentlich denen über Troja, einen bedeutenden Fortschritt. Waren jene eine Zusammenstellung seiner Mittheilungen an die Tagesblätter gewesen und enthielten sie daher viel von den naturgemäss schwankenden Meinungen, welche während des wechselnden Tagewerkes der Ausgrabung in seinem enthusiastischen Geiste aufgestiegen waren, so war es jetzt Schliemann's sichtliches Bestreben, geordnet zusammenzufassen, was über Stadt und Land der Trojaner vom Alterthum her und durch die Gesammtheit seiner Ausgrabungsthätigkeit bekannt geworden war. So konnte sein treuer Freund Virchow von ihm in der Vorrede zu "Ilios" sagen: "Jetzt ist aus dem Schatzgräber ein gelehrter Mann geworden, der seine Erfahrungen in langem und ernstem Studium mit den Aufzeichnungen der Historiker und Geographen, mit den sagenhaften Ueberlieferungen der Dichter und Mythologen verglichen hat."

An den Anfang des Buches stellte Schliemann, wie für einen Mann von so ausserordentlicher Entwickelung mit Recht, seine Lebensgeschichte, welche oben zum grossen Theile abgedruckt ist. Daran schloss sich eine Uebersicht über die geographischen Verhältnisse der Landschaft Troas und eine Ethnologie derselben; schliesslich eine Geschichte der Stadt Troja selbst und eine erneute Erörterung über ihre Lage auf dem Hügel von Hissarlik. Danach behandelte er die Funde zeitlich geordnet nach ihrer schichtenweisen Reihenfolge, mit der auf dem Urboden gegründeten Niederlassung beginnend. In dem 16 Meter hohen Schuttberge unterschied Schliemann jetzt 6 übereinander liegende Städte, die insgesammt noch durch die Einfachheit ihres Hausgeräthes sich als prähistorisch darstellten. Ueber der jüngsten, der sechsten, folgte das griechische und römische Ilion, von welchem neben den Skulpturen des Athenetempels vornehmlich umfangreiche inschriftliche Denkmäler Zeugniss ablegten. Die Funde wurden in guten Abbildungen dem Verständnisse des Publikums zugänglich gemacht. So trat zum ersten male klar hervor, in ein wie ungeahntes, unermesslich hohes Alter hinauf an diesem Platz die Geschichte des Menschengeschlechts sich zurückverfolgen lässt.

Wenn derart sich der Enthusiast Schliemann in eine methodische wissenschaftliche Arbeitsweise hineinzuzwängen suchte, so blieb er doch bei allem in seiner Darstellungsart der originale Mensch, welchen ein eigenes persönliches Bedürfniss zu dieser Arbeit geführt hatte. Seinem Homer blieb er treu; die Homerischen Gedichte waren sozusagen das Glas, durch welches er seine Funde betrachtete, auch wenn diese um Jahrtausende älter als die Zeit des Dichters sein mochten. Je mehr man sich in die zähe Natur des Mannes hineinversetzt, um so mehr überzeugt man sich, dass es nicht Dichtung sondern Wahrheit ist, wenn er in seiner Selbstbiographie sagt, dass bereits die ersten Eindrücke seiner Jugend für seine Lebensrichtung bestimmend geworden sind. Neben der homerischen Sage, welche ihn seit den Erzählungen seines Vaters beschäftigte, zogen ihn auf dem classischen, schönheiterfüllten Boden am meisten die urthümlichsten Stein- und Thongeräthe an, welche ähnlich auch in den Hünengräbern seiner nordischen Heimat gefunden werden. Ausser dem Homerenthusiasten war Schliemann ein leidenschaftlicher Prähistoriker. Er konnte in Entzücken gerathen, wenn er einmal ein rohes Gefäss fand, durch dessen Henkelansätze senkrechte anstatt der häufigern wagerechten Durchbohrungen zum Durchziehen einer Schnur hindurchgingen. Es ist ihm sehr ernst, wenn er sich einmal darüber beschwert, dass solch ein urthümlicher Topf von dem Director einer Sammlung zusammen mit gewiss kunstvollerem römischen Geschirr auf ein Bret gestellt ist. "Von ähnlichen Gefässen", schreibt er, "erwähne ich zuerst ein prachtvolles mit der Hand gemachtes Exemplar im Museum von Boulogne-sur-mer, dessen Director in seiner Unkenntniss der vorgeschichtlichen Topfwaare dasselbe für römisch hält und es deshalb unter die römischen Thongefässe gestellt hat, obgleich es mehr werth ist, als die ganze Sammlung römischer Terracotten im Museum. Möchte diese Bemerkung ihn erreichen und bewirken, dass die werthvolle Oinochoë endlich den gebührenden Platz erhält!"

Die Worte zeigen auch, wie sehr er alle Winkel und Museen Europas durchgespürt hatte nach Denkmälern, welche sich mit den trojanischen Funden vergleichen liessen. Zu dieser Uebersicht kam ihm ferner sein ausgedehnter Briefwechsel und seine weite Bekanntschaft zu gute. Ganz und gar von der Bedeutung seiner Arbeit erfüllt, wusste er mit jedem, mit dem er auf seinen vielen Reisen und bei seiner erstaunlichen Sprachfertigkeit in ein Gespräch kam, sich über seine Funde zu unterhalten, und was er dabei an Neuem erfuhr, das behielt er gewissenhaft. So fehlt im Buche "Ilios" unter den Autoritäten, welche sich über die grossen Thonfässer aus Troja ausgesprochen hatten, selbst Fürst

Bismarck nicht, den Schliemann im Juli 1879 in Kissingen getroffen. Sogar aus China und von der Beute aus, die den Aschantis abgenommen war, berichtete man ihm über das Vorkommen des Zeichens der Svastika (= Hakenkreuz), welchem man auf den troischen Spinnwirteln begegnete. Werthvoller aber als diese gelegentlichen Beiträge war das, was die lange Reihe seiner gelehrten Freunde jetzt an Ergänzungen zu dem Werke lieferten. Der englische Orientalist Sayce behandelte die schwierige Frage, ob unter manchen der ornamentähnlichen Einritzungen auf Spinnwirteln und kleinen Cylindern, die in Troja gefunden waren, Schriftzeichen zu verstehen seien. Er bejahte die Frage, indem er nachzuweisen suchte, dass man in Troja, lange bevor die Griechen schreiben gelernt, sich eines in Kleinasien weit verbreiteten Alphabets bediente, eine Ansicht, die gegenüber dem vielfachen Unglauben, welchen sie erfuhr, durch den Fund eines Spinnwirtels, über dessen Inschrift kein Zweifel bestehen kann, während der Grabungen von 1890 eine starke Stütze erhalten hat. Der deutsche Aegyptologe Heinrich Brugsch erörterte auf Schliemann's Bitte hin die Nachrichten über die Stämme Kleinasiens, welche über das zweite vorchristliche Jahrtausend in ägyptischen Inschriften enthalten sind. Der langjährige Kenner und sozusagen Bürger der troischen Landschaft, der Amerikaner Frank Calvert, berichtete in Schliemann's Buche über die eine Stunde von Hissarlik bei seinem Landgute Thymbra vorgenommene Grabung. Andere trugen je nach ihrem Fache andere Ergänzungen bei. Vor allem aber unterstützten die beiden Arbeitsgenossen, der Franzose Emile Burnouf und der Deutsche Rudolf Virchow, bei der Abfassung des Werkes, jener besonders durch die Pläne, welche er vom Ausgrabungsfelde gab, und durch die Ergebnisse geologischer Studien, dieser mit der ganzen Fülle seiner ausgebreiteten Kenntnisse auf naturwissenschaftlichem und auf prähistorischem Gebiete, Kenntnisse, welche zudem verbunden waren mit einer Schliemann congenialen Begeisterung für die griechische Dichtung und Heldensage. Kein anderer, von Schliemann selbst abgesehen, war so berechtigt, zu dem Buche "Ilios" eine Vorrede zu schreiben, und keiner hätte sie besser verfasst als Virchow. Seine warmen und schönen Worte enthielten eine klare Würdigung der grossen Arbeit, welche hier gethan war, und des Mannes, welcher sie gethan hatte. Und namentlich das letztere war nicht überflüssig gegenüber der Geringschätzung und dem Hohn, mit welchem von manchen Seiten die Schliemann'schen Arbeiten bis dahin kritisirt worden waren.

"Es ist heute eine müssige Frage", schrieb Virchow, "ob Schliemann im Beginne seiner Untersuchungen von richtigen oder unrichtigen Voraussetzungen ausging. Nicht nur der Erfolg hat für ihn entschieden, sondern auch die Methode seiner Untersuchung hat sich bewährt. Es mag sein, dass seine Voraussetzungen zu kühn, ja willkürlich waren, dass das bezaubernde Gemälde der unsterblichen Dichtung seine Phantasie zu sehr bestrickte, aber dieser Fehler des Gemüths, wenn man ihn so nennen darf, enthielt doch auch das Geheimniss seines Erfolges. Wer würde so grosse, durch lange Jahre fortgesetzte Arbeiten unternommen, so gewaltige Mittel aus eigenem Besitz aufgewendet, durch eine fast endlos scheinende Reihe aufeinandergehäufter Trümmerschichten bis auf den in weiter Tiefe gelegenen Urboden durchgegraben haben, als ein Mann, der von einer sicheren, ja schwärmerischen Ueberzeugung durchdrungen war? Noch heute würde die gebrannte Stadt in der Verborgenheit der Erde ruhen, wenn nicht die Phantasie den Spaten geleitet hätte."

Hier mögen auch die charakteristischen Worte stehen, mit welchen Schliemann seinen Text abschloss: "Ich schliesse mit dem Ausdruck der festen Hoffnung, dass die geschichtliche Forschung mit Spitzhacke und Spaten, welche in unsern Tagen die Aufmerksamkeit der Gelehrten in Anspruch nimmt, sich mehr und mehr entwickeln und schliesslich über die dunkeln vorgeschichtlichen Zeiten des grossen Hellenenstammes helles Tageslicht verbreiten möge. Möge diese Forschung mit Spitzhacke und Spaten mehr und mehr beweisen, dass die in den göttlichen Homerischen Gedichten geschilderten Ereignisse keine mythischen Erzählungen sind, sondern auf wirklichen Thatsachen beruhen, und möge sie dadurch, dass sie dies beweist, die Liebe aller zu dem edlen Studium der herrlichen griechischen Classiker und besonders Homer's, der strahlenden Sonne aller Literatur, vermehren und kräftigen!

"Ich bringe nun diesen Bericht über meine uneigennützigen Arbeiten in aller Bescheidenheit vor den Richterstuhl der gebildeten Welt. Es wäre für mich die höchste Genugthuung, und ich würde es als den schönsten Lohn ansehen, nach welchem mein Ehrgeiz streben könnte, wenn es allgemein anerkannt würde, dass ich zur Erreichung dieses meines grossen Lebenszieles wirksam beigetragen habe."

"Meine grossen Sammlungen trojanischer Alterthümer haben einen unschätzbaren Werth, doch sollen sie nie verkauft werden. Wenn ich sie nicht noch bei meinen Lebzeiten verschenke, so sollen sie kraft letztwilliger Bestimmung nach meinem Tode dem Museum derjenigen Nation zufallen, die ich am meisten liebe und schätze." So hatte Schliemann in seiner Selbstbiogrgphie geschrieben. Es war nicht ohne weiteres sicher, dass er bei diesen Worten sein Vaterland im Auge haben sollte. Er hatte ihm den Rücken gekehrt, damals als er, an allem andern verzweifelnd, sich als Schiffsjunge nach Venezuela begeben wollte. In Russland hatte er sein Glück gemacht. In Amerika war er Bürger geworden und innerlich war er in der Verquickung idealen Strebens mit nüchtern berechnender Geschäftsklugheit dem amerikanischen Wesen verwandt. Nach Griechenland hatte ihn sein Enthusiasmus für altgriechische Sage und Literatur geführt, hier hatte er sich jetzt sein Heim gegründet. In England fand seine Forschung den lebhaftesten Beifall; dort waren die trojanischen Sammlungen seit zwei Jahren im South-Kensington-Museum ausgestellt; seine Bücher, die er in den siebziger Jahren schrieb, hatte er zunächst in englischer Sprache abgefasst. Bei seiner Schnelligkeit zu reisen war Schliemann überall in der ganzen gebildeten Welt zu Hause. Welches also war die Nation, die er am meisten liebte und schätzte?

Es wird Virchow's Eindringen in alle Fragen der trojanischen Denkmäler und der Freundschaft und Hochachtung, die Schliemann mit diesem Manne verband, zu danken sein, dass die trojanischen Alterthümer sich heute in Berlin befinden (Anmerkung des Herausgebers: Nach dem 2. Weltkrieg wurden die Schätze nach Russland verschleppt und befinden sich heute in Moskau). Unterm 24. Januar 1881 dankte Kaiser Wilhelm I. dem Stifter für seine Schenkung, indem er bestimmte, "dass die genannte Sammlung der Verwaltung der preussischen Staatsregierung unterstellt und in der Folge in dem im Bau begriffenen ethnographischen Museum in Berlin in so vielen besonderen Sälen, als zu ihrer würdigen Aufstellung nöthig sind, aufbewahrt werde, sowie, dass die zu ihrer Aufbewahrung dienenden Säle für immer den Namen des Geschenkgebers tragen. Zugleich - heisst es weiter in der Cabinetsordre - spreche ich Ihnen Meinen Dank und Meine volle Anerkennung für diese von warmer Anhänglichkeit an das Vaterland zeugende Schenkung einer für die Wissenschaft so hoch bedeutenden Sammlung aus und gebe Mich der Hoffnung hin, dass es Ihnen auch ferner vergönnt sein werde, in Ihrem uneigennützigen Wirken der Wissenschaft zur Ehre des Vaterlandes gleichbedeutende Dienste zu leisten wie bisher." Und nicht allein der

Kaiser bezeugte so dem Forscher seine Hochachtung und Dankbarkeit, sondern Schliemann hatte auch die Genugthuung, dass ihn die Stadt, in welcher die Ergebnisse seiner langjährigen Thätigkeit nun würdig ausgestellt waren, neben Bismarck und Moltke in die erlesene Schar ihrer Ehrenbürger aufnahm. Von da an hat sich Schliemann öfters in Berlin aufgehalten und hat sich auch mehr als bisher bei seinen Aufzeichnungen der deutschen Sprache bedient.

Im Alter von sechzig Jahren hätte manch anderer nach solchen Erfolgen und Früchten seines Wirkens sich zufrieden zurückgezogen. Aber das entsprach Schliemann's Wesen nicht; sein durch stete Anforderungen gestählter Körper empfand keine Schwäche des Alters. Von Natur mit einem rastlosen Thätigkeitsdrange beseelt, hatte er von dem Gelehrten in sich aufgenommen, welchem eine gewonnene Erkenntniss nur der Ausgangspunkt zu neuer Forschung in das Unbekannte hinein ist, und der darum kein Ende seiner Arbeit findet. Kaum war die Drucklegung des Werkes "Ilios" vollendet, so sehen wir ihn bereits im November und December 1880 im Verein mit seiner Frau mit Grabungen am sogenannten Schatzhause des Minyas im böotischen Orchomenos beschäftigt.

Wol war nun bewiesen, welche uralte Geschichte eben der Platz von Hissarlik gehabt hatte, der wie kein zweiter der Lage von Troja entspricht. Die mächtigen Ringmauern und die tiefe Brandschicht darüber schienen von der geschichtlichen Wahrheit des trojanischen Krieges greifbares Zeugniss abzulegen. Indessen wie klein war dies Troja! Nicht einmal 200 Meter war seine grösste Ausdehnung, und wenn seine Häuser sechs Stock hoch gewesen wären, so hätten kaum 3000 Menschen darin Platz gefunden. Gleichwol hatte Schliemann im Buche "Ilios" die Ansicht vertreten, dass die Stadt des Priamos auf den Hügel Hissarlik beschränkt gewesen sei. Wenn also Homer die heilige Ilios als eine wohlgebaute Stadt mit weiten Strassen rühmte, so schloss Schliemann, hatte er den Schauplatz der Thaten, der ja zu Zeiten des Dichters längst im Schutte und unter spätern Ansiedelungen vergraben lag, sagenhaft und mit dichterischer Freiheit vergrössert. Hier war der Punkt, wo die Kritik nach dem Erscheinen des Werkes "Ilios" am lebhaftesten einsetzte. Man mochte nicht glauben, dass das Haus des Stadtoberhauptes jemals so unscheinbar, wie heute die Wohnung eines türkischen Bauern, gewesen sei. Schliemann selbst wurde bald in seiner Auffassung wankend. Sein Glaube an die Worte Homer's war noch nie betrogen worden, wo er auch den Spaten angesetzt hatte. Er nahm daher in gutem Vertrauen 1882 die Arbeiten von neuem auf, um das an den Hügel Hissarlik angrenzende Gelände sorgfältiger als bisher zu durchsuchen und um so dem Bilde von der Stadt des Priamos die ihm nach Homer zukommende Ausdehnung zu verleihen. Im Jahre zuvor hatte er sich mit dem Plane getragen, in der Landschaft noch andere Sitze der Troer aufzudecken, und hatte dazu eine mehrwöchentliche Reise durch die ganze Troas unternommen, aber da ihm nirgends die Anzeichen einer so tiefen Schuttanhäufung wie auf Hissarlik vorzuliegen schienen, so stand er von grössern Grabungen ausserhalb Trojas ab.

Mit dem Jahre 1882 erhalten Schliemann's Arbeiten und Arbeitsergebnisse eine andere Physiognomie. Es ist wol das schönste Zeugniss für Schliemann's wissenschaftlichen Scharfblick, dass er, jetzt der gefeierte Entdecker der Schätze von Troja und Mykenae, die Lücke erkannte, welche bei seinen Forschungen geblieben war. Wol hatte er die Gegenstände, die aus dem Schutte heraus zu Tage gekommen waren, unermüdlich gesammelt, mochten sie so zahlreich wie die Spinnwirtel oder so roh wie die Steinhämmer und Idole sein, oder mochten sie zu den königlichen Goldschätzen gehören, zu denen sein Glück ihn führte, und wol hatte er sich abgemüht, die Bedeutung und ehemalige Verwendung der einzelnen Fundgegenstände zu ergründen und hatte dabei an Virchow und Andern treue und bewährte Berather gefunden. Aber etwas fehlte. Die Wissenschaft der vorgeschichtlichen Denkmäler schöpft sonst zumeist aus versprengten einfachen Gräbern. Hier aber in Troja bestand eine grosse Anlage mit mächtigen Festungsmauern: deren Entstehung und ehemaliges Aussehen festzustellen forderte die Arbeit eines Architekten. Schliemann's Glück und Menschenkenntniss hat sich darin in ausserordentlicher Weise bewährt, dass er den richtigen Mann für die schwierige Aufgabe zu finden wusste.

Im Jahre 1881 waren die Ausgrabungen des Deutschen Reiches in Olympia beendet worden, die erste grosse Grabung auf griechischem Boden, bei welcher mit allen verfügbaren Mitteln beobachtet worden war, wo gleichzeitig Architekten und Gelehrte der Kunstgeschichte und der Inschriftenkunde im Bunde miteinander die Funde geprüft hatten. Nachdem er eben das Bauführer-Examen in Berlin absolvirt hatte, war Wilhelm Dörpfeld in diesen Kreis eingetreten, hatte fünf Jahre hindurch bei der Arbeit in der Altis gelernt und sein helles Auge für das Verständniss der antiken Bauwerke geschärft. Schliemann hatte bereits mit einem wiener Architekten, der durch einen Preis seiner heimischen Akademie ausgezeichnet war, für die Grabungen in Troja abgeschlossen. Es zeugt dafür, wie ernst es ihm war, die vorhandene Lücke in seinen Arbeiten auszufüllen, dass als Anfang 1882 Dörpfeld als Architekt des Deutschen Archäologischen Instituts nach Athen kam, er sofort auch diesen für die neue Campagne gewann.

Diese währte vom März bis zum Juli 1882. Wiederum wurde eine Fülle von prähistorischem Hausrath aus dem Schutte hervorgezogen, aber der Hauptgewinn war die Klarheit über die aufgedeckten Bauten, welche die Mitarbeiterschaft der Architekten herbeiführte. Ihr geübtes Auge erkannte, dass die Wände des "Hauses des Stadtoberhauptes" erst auf der Brandschicht derjenigen Burg gegründet waren, deren Schutz und Schirm die grossen Ringmauern gebildet hatten, mit andern Worten, dass die zweite "Stadt" von unten gerechnet die verbrannte war und nicht, wie Schliemann bis dahin geglaubt, die dritte. Wie schon gesagt, war der Hügel wieder und wieder besiedelt worden. Jeweils wurden die Häuser zerstört und soweit abgetragen, als sie bei späterer Bebauung im Wege standen. So lag jetzt ein Netz von kreuz und quer laufenden Fundamentmauern vor, welches beim ersten Anblicke einem Labyrinthe glich. Aber bei sorgfältiger Säuberung und Aufmessung der Reste hob sich klar der Grundriss eines Baues von den Fundamenten eines zweiten tiefer gelegenen ab. Das Räthsel des Labyrinthes löste sich, indem man die räumlich und zeitlich aufeinander folgenden Bauschichten im Plane voneinander trennte. So erst liess es sich verfolgen, dass im Innern der Ringmauern ausgedehnte Gebäude bestanden hatten, Gebäude von schmaler Front und grosser Tiefe, nach einheitlichem Plan zu mehrern nebeneinander angeordnet, sodass das grösste und stolzeste von allen in der Mitte die anderen überragte, Gebäude von einem stets wiederholten Grundriss, welcher mit seiner Vorhalle und dem grossen oblongen Cellaraume dahinter an den des einfachsten griechischen Tempels erinnerte. Säulen aber kamen an ihnen noch nicht vor. Bearbeitete Steine waren nur als Thürschwellen und an den äussersten Vorsprüngen der Mauern verwandt worden, wo sie als Standplatten für die Breterverkleidung der Mauern dienten, welche aus getrockneten Lehmziegeln bestanden. Das Dach hatte eine festgestampfte Lehmmasse gebildet. So bäuerlich einfach daher ihrem Material nach die

Gebäude erscheinen mussten, so redeten doch ihre weiten Räume, ihre Lage auf dem beherrschenden Hügel, die gewaltigen Ringmauern, welche zu ihrem Schutze aufgeführt waren, eine stolze Sprache und erzählten von der Macht des Herrengeschlechtes, dessen Besitz sie gewesen waren. Bei der allgemeinen Aehnlichkeit des Grundrisses mit dem griechischen Tempel lag es nahe, auch diese Bauten zunächst als Tempel zu deuten. Erst durch die Aufdeckung von Tiryns wurde es klar, dass es sich hier wie dort um Herrscherpaläste handelte. So viel aber war schon jetzt durch den Nachweis der vornehm weiten Anlage über alle Zweifel erhaben, dass in jener Glanzzeit Trojas die Wohnungen des Volkes auf dem Hügel keinen Platz hatten. Also musste für die Häuser der Bürger eine Unterstadt bestanden haben, selbst wenn durch die Unbill der Zeiten, durch spätere Besiedelung oder durch die Arbeit des Pfluges keines der Häuser übriggeblieben sein sollte. Thatsächlich aber fanden sich bei genauerm Zusehen auf dem Plateau hinter dem Hügel in den tiefern Schichten viele sehr alte Scherben, sodass man von dem einstmaligen Bestehen einer Unterstadt an dieser Stelle überzeugt sein darf, wenn auch das Gelände noch nicht in grösserer Ausdehnung und in weiterer Entfernung von der Burg aufgedeckt worden ist. Auf dem Hügel war nur die Burg einer grossen Stadt gewesen, die Pergamos zur Stadt Ilios, wie Homer sagte, den nun kein Vorwurf dichterischer Uebertreibung mehr traf, wenn er von der wohlgebauten weitstrassigen heiligen Stadt gesungen hatte.

So hatte Schliemann mit der Hülfe seiner Architekten aus dem durchwühlten Boden einen neuen Schatz gehoben, der nicht weniger werthvoll war, als die goldenen Gefässe des Jahres 1873. Es war ein Schatz, der sich nur auf dem Papiere, in den Plänen, darstellte, und doch ein Fund von höchster Bedeutung, wenn man bedenkt, dass durch ihn ein heller Lichtstrahl auf die Bauweise einer Zeit von märchenhaftem Alter fiel.

Auch in dieser Campagne war Schliemann beschäftigt mit Versuchsgrabungen ausserhalb von Hissarlik. So suchte er wieder mehrere Heroengräber aufzudecken, eins, den sogenannten Tumulus des Protesilaos sogar jenseits der Dardanellenstrasse, an der Spitze des thrakischen Chersones. Es war interessant, auch hier auf dieselbe Thonwaare zu stossen wie in Troja selbst. Leider aber erreichten die Grabungen hier ein baldiges Ende, da der türkische Commandant des nahen Forts halt gebot und sich nicht auf Schliemann's Anerbieten einliess, seinerseits, ohne Beisein Schliemann's und auf dessen Kosten, die Arbeiten fortzufahren.

Der grosse Erfolg der Grabungen des Jahres 1882 ist um so höher anzuschlagen, als er in einem beständigen Kriege gegen den Commissar errungen werden musste, welchen das türkische Cultusministerium zur Beaufsichtigung bestellt hatte. Der Grossmeister der Artillerie hatte sich in den Kopf gesetzt, dass Schliemann seine Grabungen nur zu dem Zwecke unternähme, um die Pläne der eine Stunde von Hissarlik entfernten Befestigungen der Dardanellenstrasse zeichnen zu können. Nicht nur dass deshalb die Anwendung von Messinstrumenten selbst innerhalb der Ausgrabungen verboten wurde, sondern der Commissar erklärte sogar: er und seine Wächter könnten nicht unterscheiden, ob von den Architekten Messungen vorgenommen, Notizen niedergeschrieben oder Zeichnungen gemacht würden. Er verbot daher innerhalb der Ausgrabungen irgend etwas niederzuschreiben oder zu zeichnen und bedrohte, wie Schliemann sagte, fortwährend die Architekten, sie gefangen nehmen und in Ketten nach Konstantinopel bringen zu lassen, falls sie dem zuwiderhandelten. Alle Betheuerungen der wissenschaftlichen Absicht, alle Vorstellungen der deutschen Botschaft fruchteten nichts gegen die Hartnäckigkeit des Grossmeisters der Artillerie. Selbst auf Fürst Bismarck's Fürsprache hin vermochte die Botschaft nur eine unzulängliche Erleichterung zu erwirken. Erst als nach Abschluss der Grabungen gegen Ende des Jahres Herr von Radowitz Botschafter in Konstantinopel wurde, wusste dieser vom Sultan persönlich eine Irade* zu erlangen, welche die nöthigen Pläne nachträglich auszuführen erlaubte. Mit diesen geschmückt und mit einer Vorrede von A. H. Sayce versehen erschien Ausgang 1883 das Buch "Troja", in welchem Schliemann die Ergebnisse der Campagne zusammenfasste.

---

* Erlass des Sultans

Wandmalerei aus dem Palast von Tiryns: Szene mit Streitwagen

Der Hügel von Tiryns

Kapitel 6

Tiryns. 1884-1885

Ein paar Stunden von Mykenae abwärts, nahe dem flachen Strande hebt sich nur wenig aus der breiten Thalebene heraus ein langgezogener Hügel. Er trug den Herrschersitz von Tiryns. Die Ringmauer, die den Hügel umgibt, ist von derselben rohen Majestät, wie die von Mykenae; auch von ihr erzählten die Alten, dass die Kyklopen sie im Auftrage des sagenhaften Königs Proitos gebaut hätten. Die Nachbarschaft hat dazu geführt, dass Tiryns bald von Mykenae abhängig wurde: der Sage nach diente der Tirynthier Herakles dem Könige Eurystheus von Mykenae. Als schliesslich die Herrscher von Argos sich Mykenae unterwarfen, theilte die alte Königsburg von Tiryns mit jener das Schicksal der Verödung. Diesem frühzeitig eingetretenen Umstande danken wir es, dass hier in Tiryns weit deutlicher als in der immer von neuem umgebauten und besiedelten Pergamos von Troja das Bild eines Fürstensitzes des zweiten vorchristlichen Jahrtausends entschleiert werden konnte.

89

Schon im Anfang August 1876 hatte Schliemann eine Woche lang auf dem Plateau der Burg gegraben, um danach in Mykenae sein Glück zu versuchen. Er war auf einige architektonische Reste gestossen, aber ihr Werth war ihm erst nach den Ergebnissen der im vorigen Kapitel geschilderten trojanischen Ausgrabungen bewusst geworden. So schickte er sich nach Vollendung der deutschen und englischen Ausgabe von "Troja" und nach der Erledigung eines die Bücher "Troja" und "Ilios" zusammenfassenden französischen, gleichfalls "Ilios" betitelten Werkes im März 1884 zu einer umfassenden Grabung in Tiryns an, zu welcher ihm die Erlaubniss von seiten der griechischen Regierung ertheilt war. Für den architektonischen Theil der Arbeit sicherte er sich wiederum Dörpfeld's Hülfe. Die Ausgrabungen währten im Jahre 1884 und 1885, in welch letzterm Dörpfeld allein im Auftrage Schliemann's die Arbeiten beendigte, zusammen 4½ Monat. Schliemann nahm Wohnung in der eine Stunde von Tiryns entfernten Stadt Nauplia. Es ist von Interesse, von der Lebensweise, wie sie der durch und durch praktische Mann führte und schilderte, in der Einleitung zum Buche "Tiryns" zu lesen.

"Ich hatte die Gewohnheit", - heisst es dort - "immer frühzeitig 3¾ Uhr aufzustehen, eine Dose von 4 Gran Chinin zu verschlucken, um mich gegen das Fieber zu schützen, und darauf ein Bad zu nehmen; mein Bootsmann, der täglich 1 Franc dafür erhielt, erwartete mich pünktlich um 4 Uhr morgens im Hafen, um mich in die offene See zu fahren, wo ich hinaussprang und fünf oder zehn Minuten herumschwamm. Da der Mann keine Treppe hatte, musste ich immer an dem Ruder emporklettern, um wieder ins Boot zu gelangen; lange Gewohnheit hatte mir aber Uebung in dieser Operation gegeben, und dieselbe ging immer ohne Unfall von statten. Nach dem Bade trank ich in dem immer schon früh morgens geöffneten Kaffeehause «Agamemnon» eine Tasse bittern schwarzen Kaffee, die - während alles übrige enorm im Preise gestiegen - hier noch immer zum alten billigen Preise von 10 Lepta oder 8 Pfennig feil ist. Ein gutes Reitpferd, wofür ich täglich 6 Francs bezahlte, stand schon beim Kaffeehause bereit, und ich konnte bequem in 25 Minuten nach Tiryns traben, wo ich immer schon vor Sonnenaufgang ankam und von wo ich den Gaul sogleich zurückschickte, um auch Herrn Dr. Dörpfeld holen zu lassen. Unser Frühstück, welches wir regelmässig während der ersten Ruhezeit unserer Arbeiter, um 8 Uhr morgens, auf einer Säulenbasis im alten Palast auf Tiryns sitzend zu uns nahmen, bestand aus Chicago corned beef, wovon meine geehrten Freunde, die Herren J. Henry Schröder & Co. in London, mir einen reichlichen Vorrath zugesandt hatten, aus Brot, frischem Schafkäse, ein paar Apfelsinen und mit Harz gemischtem weissen Wein (Retsinato), der sich wegen seiner Bitterkeit gut mit dem Chinin verträgt und der bei der Hitze und angestrengten Arbeit auch besser zu vertragen ist als die viel schwerern rothen Weine. Während der zweiten Ruhezeit der Arbeiter, die um 12 Uhr mittags stattfand und anfänglich nur eine Stunde dauerte, später aber, bei Eintritt der grossen Hitze, auf 1¾ Stunden verlängert wurde, ruhten auch wir, und es dienten uns dabei zwei Steine der Tenne am Südende der Burg als Kopfkissen. Man ruht nie besser, als wenn man sich recht müde gearbeitet hat, und ich kann meinen Lesern versichern, dass wir nie einen erquiekendern Schlaf genossen haben als während der Mittagszeit in der Akropolis von Tiryns, trotz des harten Lagers und der glühenden Sonne, gegen die wir keinen andern Schutz hatten als unsere indischen Hüte, die wir quer übers Gesicht legten. Unsere zweite und letzte Mahlzeit nahmen wir des Abends beim Nachhausekommen in der Garküche unsers Hotels ein."

Im Alterthum hatte Pausanias von den Resten des Königsitzes geschrieben: "Die Ringmauer, welche das einzige Ueberbleibsel von Tiryns ist, wurde von den Kyklopen erbaut; sie besteht aus behauenen Steinen, deren jeder so gross ist, dass ein Gespann von zwei Maulthieren nicht einmal den kleinsten von der Stelle bewegen könnte." Wie viel mehr können wir heute, nachdem Hacke und Spaten ihr Werk verrichtet und scharfe Beobachtung gelehrt hat, die ans Licht geförderten Trümmer zu ergänzen, von dem Aussehen einer der ältesten Herrenburgen auf griechischem Boden erzählen!

Wer jetzt von Schliemann und Dörpfeld's Buch geleitet die Rampe von Tiryns hinaufgeht und durch die schmale Oeffnung der Mauer, die zu den Seiten mächtig und roh wie von elementarer Gewalt aufgerichtet ist, einbiegt in den düstern, allmählich ansteigenden Gang, der gelangt zu den Resten eines Thores, welches einst in ähnlicher Form wie das Löwenthor von Mykenae den Zugang versperrte. Dahinter verbreitet sich der Weg ein wenig, aber wir sind noch gefangen in der engen Flucht der grossen Festungsmauer. Wir kommen zu einem Vorplatz. Links in der Mauer öffnen sich niedrige Hallen, unter denen die Mannschaft der Burgwache campirte und zugleich den Zugang zu den Magazinkammern sicherte, die in der Tiefe darunter innerhalb der dicken Ringmauer angelegt waren.

Rechts stehen wir vor einem zweiten Thorgebäude, welches in seinen Abmessungen der Majestät der uns noch umgebenden Burgmauer entspricht. Durch seine von Säulen getragenen Hallen treten wir, nun im Burgfrieden, auf den weiten Vorhof des fürstlichen Palastes und befinden uns, nachdem die Räume der Palastwache passirt sind, vor dem zierlichem Thor zur Wohnung des Herrschers selbst. Diese Aufeinanderfolge von Thoren gemahnt an die Lebensweise eines Fürsten, der wie ein Sultan abgeschieden von seinem Volke lebt und erst nach Ueberwindung der verschiedenen Stufen von Wächtern und Hofchargen erreichbar ist. In Zeiten, als hier oben Hof gehalten wurde, wird der gemeine Mann schwerlich jemals über die Vorhöfe hinaus zu dem Könige von Tiryns vorgedrungen sein. Doch nahen wir uns ihm mit dem Zuge seiner vornehmen Freunde. Von dem weiten Vorplatze aus steigen wir die Stufen zur Vorderhalle des Thores hinan und gehen durch die Thüre zu seiner Hinterhalle hindurch. Wieder umfängt uns ein geräumiger Hof, aber sein reichlicher freundlicher Schmuck verräth die Nähe der fürstlichen Wohnung. Seinen Boden bedeckt ein sauberer Estrich, auf allen vier Seiten umgeben ihn Hallen, getragen von Holzsäulen; über ihnen ragt weithin beschattend ein buntes Gebälk vor, sodass der Raum in seiner stillen Abgeschlossenheit nicht unähnlich war einem Klosterhof mit Kreuzgang. Vor der Halle gegenüber der Thüre zum Palaste steht der Altar. Hier liess der König das Blut der Rinder in die Grube fliessen zu Ehren des Schutzgottes seines Hauses, aus dessen Hand der Ahnherr des Geschlechtes die Axt zum Opfer erhalten hatte; nur aufwärts zum südlich heitern Himmel konnte dabei der Blick des Herrschers gerichtet sein, denn die Enge des Raumes schied ihn von seinem Volke und seinem Lande. Jenseits des Altars winkt das Ziel unserer Wanderung. Stolz und prächtig ragt dort die Halle des Thores empor, hinter welchem der Saal des Königs liegt. Alle Kunstfertigkeit ist hier entfaltet, welche die einheimischen und die aus der Fremde geholten Künstler im Dienste des Herrschers auszuüben vermochten. Die hohen nach oben sich verdickenden Säulen sind über und über umsponnen mit eingegrabenem Zierath, die Wandpfeiler verkleidet mit seltenem Holze, auf welchem bronzene Rosetten in zierlicher Reihe aufsitzen; der Sockel der Wand erglänzt in dem durchsichtigen Weiss der Alabasterplatten, aus deren rythmisch bewegten Mustern eingelegter blauer Glasfluss wie Edelgestein hervorblitzt; die Wände selbst sind bedeckt mit bunten Malereien, welche zwischen mancherlei Fabelthieren die Stierjagden und die Kämpfe der Könige darstellen. Drei weite Flügelthüren führen zum Vorzimmer des grossen Saales: doch zuvor begab sich der aus der Fremde Kommende durch eine Seitenthür des Vorzimmers zu dem Badezimmer, damit er rein, wohlgesalbt und wohlgekleidet vor dem Könige erschiene. Ein Teppich verhängt die Thüre zu dem Saale. Treten wir über seine breite steinerne Schwelle, so umfängt uns ein gedämpftes Licht, das sparsam von oben, von den seitlichen Oeffnungen der in der Mitte höher herausgehobenen Holzdecke einfällt. Vier schlanke Säulen tragen das Dach; in ihrer Mitte befindet sich der buntgeschmückte Kreis des Herdes, von dem der Rauch zu den Fensteröffnungen emporzieht.

Es mag genug sein mit der Schilderung dieses Palastes. Die sich heraushebenden Prunkräume des Herrschers umgibt ein Gewirr von kleinern Zimmern. Ein Corridor führt zu der Frauenwohnung, welche, in naher Verbindung mit dem Übrigen, doch in sich fest abgeschlossen, ähnlich Höfe und Säle und kleinere Räume umfasst. Ferner treten die Räume für die Dienerschaft und die Wirthschaftsgebäude hinzu. Aber es würde des Planes bedürfen, welcher dem Buche "Tiryns" beigegeben ist, um ihre Anordnung und weiterhin die der alles umklammernden und schirmenden Ringmauer mit ihren Ausfallspforten und Thürmen und Magazinen klar zu machen. Genug dass hier gezeigt worden ist, mit welcher Deutlichkeit es Schliemann und Dörpfeld gelang, das Bild einer Fürstenburg des zweiten Jahrtausends wiederherzustellen.

Es war durch viele technische Einzelheiten und durch die Uebereinstimmung der Zierformen augenfällig, dass die Burg von Tiryns aus derselben grossen Culturepoche stammte, wie Burg und Gräber von Mykenae. War es acht Jahre vorher Schliemann geglückt, aus den Gräbern heraus die Würde des Todtencultes und die glänzende Erscheinung der Fürsten einer vordem unbekannten Welt vor uns erstehen zu lassen, so ermöglichte nun die Grabung von Tiryns, die Wohnungen wiederherzustellen, in denen eben jene Könige gelebt. Und nachdem man einmal auf die Eigenthümlichkeiten der Bauweise und des Kunstgewerbes aufmerksam geworden war, so verging kein Jahr, in welchem nicht rings um das Aegäische Meer herum namentlich Kuppel- oder Schachtgräber und Geräthe und Gefässe des "mykenischen" Stiles auftauchten, in Attika, in Böotien, in Thessalien, auf vielen der griechischen Inseln, an der Küste von Kleinasien, ja über das Aegäische Meer hinaus in Cypern, im Nildelta und in Sicilien. Schliemann selbst hat noch aus dem böotischen Orchomenos Reste derselben Epoche näher bekannt gemacht; er ging im Jahre 1886 zum zweiten male, diesmal mit Dörpfeld, dorthin, um im weitern Umkreise des dortigen Kuppelgrabes zu graben, welches ganz ähnlich, nur noch prächtiger hergerichtet ist wie das "Schatzhaus des Atreus" bei Mykenae. Es hatte sich beim Ausräumen der Grabkammer neben dem grossen Kuppelraum gezeigt, dass die aus dunkelgrünen Schieferplatten bestehende Decke der Kammer wie ein Teppich über und über mit linearen Zierformen, Spiralmustern und Rosetten überzogen war, mit Zierformen, die ganz so bereits von ägyptischen Denkmälern her bekannt waren.

Wo auch immer man auf die Reste dieser "mykenischen" Epoche stiess, überall that sich dieselbe Vorliebe zur Prachtentfaltung, für Verwendung von edeln Metallen und Gesteinen dar und dasselbe eigenthümliche Stilgefühl in den Mustern der linearen Ornamente und der bildlichen Darstellungen. Wenn so von Cypern bis nach Sicilien, von Thessalien bis nach dem Süden der griechischen Halbinsel einander verwandte Denkmäler aufgefunden wurden, so musste dies das Ergebniss eines überaus reichen Seeverkehrs und der hohen Blüte eines in diesen Grenzen des Mittelmeergebietes zu gewisser Zeit Ton angebenden Volkes sein. Welches war dies Volk? Waren es Griechen?

Nach Homer zieht das Eisen den Mann an. Schon die eine Thatsache, dass eisernes Werkzeug oder Waffen mit Denkmälern "mykenischen" Stiles nicht zusammen vorkamen und die Menschen jenes Zeitalters bei aller Kunstfertigkeit, welche sie in der Bearbeitung der weichern Edelmetalle besassen, sich ausschliesslich bronzener oder gar noch steinerner Werkzeuge bedienten, bewies das beträchtlich höhere Alter dieser Cultur. Gleichwol konnte Schliemann mit Recht hinweisen auf die Beziehungen zu den Zeiten des Epos und noch mehr zu denjenigen, in welchen, als längst vergangenen, das Epos seine Helden leben und kämpfen liess. Der Goldreichthum von Mykenae, den das Epos preist, war durch die Funde glänzend bestätigt. Der Becher des Nestor hatte aus den mykenischen Gräbern heraus sein Abbild erhalten. Eben jetzt war in Tiryns ein Palast gefunden, der in wesentlichen Zügen überraschend mit dem Herrscherhause der homerischen Gesänge übereinstimmte. Im grossen Männersaale des Königs schmausen die Freier; im Männersaale empfängt der Phäakenkönig den Odysseus, und nahe dem Herde an die Säule gelehnt sitzt die Königin Arete spinnend dabei. In den Palästen sowol des Peleus wie des Odysseus stand der Altar des Zeus im Hofe und den Hof umgeben die widerhallenden Säulengänge. Alle diese Räume finden wir ganz so, in demselben Vorhältniss zueinander, in Tiryns wieder. Hier wie dort ist Männer- und Frauenwohnung wenn nicht in gleicher, so doch in ähnlicher Weise auseinander gehalten. Vor allem aber war es ebenda, wo der reichste Fürst der Achäer residirt haben sollte, in Mykenae, wo nun Schliemann die Goldschätze gefunden hatte, und es zeigte sich durch seine Ausgrabungen und durch die Fortsetzung, welche sie von seiten der Griechischen Archäologischen Gesellschaft erfuhren, dass die jüngste Schicht von Denkmälern, die noch von einem Fürstensitze herrührte, noch jener Cultur ganz und gar angehörte. Wir finden danach die Reste in Uebereinstimmung mit der Ueberlieferung; wie der Geschichte nach bereits in vorhomerischer Zeit das Königthum von Mykenae vernichtet wird, so sehen wir die Königsburg verödet schon vor dem Zeitalter des Epos. Es hält schwer, dem Schlusse auszuweichen, dass Schliemann in Wahrheit auf die Burg des Atridenhauses gestossen ist und dass die homerischen Sagen wirklich noch an jene Herrschaften erinnerten.

Schliemann's und vieler anderer Schluss aus diesen Thatsachen war, dass die "mykenische" Cultur an den Küsten und auf den Inseln des östlichen Mittelmeerbeckens auf die Zeit der homerischen Kämpfe, auf die Achäer Homer's, zurückginge. In den historischen Zeiten waren deren Reiche zerfallen und andere griechische Volkstämme hatten sie abgelöst. Die Nachricht von dem Einbrechen der aus den Gebirgen Nordgriechenlands in den Peloponnes wandernden Dorer liess sich damit in Verbindung bringen, die rauhen Bergvölker hatten die überfeinerten Achäer überwältigt; so mochte es sich erklären, wenn Tracht und Geräth der spätern, zweifellos als griechisch anzuerkennenden Zeiten sehr viel einfacher und kunstloser erscheinen, wenn das künstlerische Vermögen und die Technik namentlich in der Bearbeitung edler Metalle am Beginn des ersten vorchristlichen Jahrtausends bedeutend hinter der ältern Epoche zurückstehen.

Angenommen, die Träger jener durch Schliemann's Entdeckungen erschlossenen Cultur seien in Griechenland Griechen, Achäer, gewesen, so muss doch von Osten her so stark auf ihre Fürstensitze eingewirkt worden sein, dass es den Anschein hat, als habe man sich fast willenlos dem übermächtigen Geschmacke des Orients hingegeben, als sei das

Bewusstsein der nationalen Eigenart noch kaum geweckt gewesen. Das Bild der phönikischen Astarte zierte das Kleid einer mykenischen Fürstin. Zu dem überreichen Goldzierath, der das Charakteristische an der vornehmen mykenischen Kleidung war, konnte unmöglich das Metall aus griechischem Boden stammen, vielmehr am wahrscheinlichsten aus Kleinasien. Aehnlich dienten zum Schmucke der Kleider Glasfluss und Porzellanstückchen: Glas und Porzellan waren phönikische und ägyptische Erfindungen, die beide in Griechenland niemals heimisch geworden sind. Auf einem jener kostbaren Dolche mit eingelegter Arbeit sind Katzen dargestellt, welche bei einem Flusse zwischen Papyrusstauden Sumpfvögeln auflauern, eine Scene, die nur am Nil beobachtet sein konnte. Solche und viele andere aussergriechische Anklänge, welche sich der Natur der Funde nach nicht allein durch eine starke Einfuhr etwa in Phönikien oder Aegypten hergestellter Waare erklären lassen, sondern auf einen allgemeinen beherrschenden Einfluss des Ostens hindeuten, haben manche Gelehrte zu der Annahme geführt, die Funde möchten überhaupt aus einer vorgriechischen Zeit stammen, wo Hellas noch von Karern und andern an der Küste Kleinasiens heimischen Völkern besetzt war. Schliemann seinerseits verwies für die Thatsache der Abhängigkeit vom Orient auf die Sagen, nach welchen die ältesten griechischen Könige Kadmos, Danaos und Pelops aus Phönikien, Aegypten und Phrygien eingewandert sein sollten.

So sind Schliemann's Funde in Mykenae, Tiryns und Orchomenos der Anlass zu einer neuen orientalischen Frage geworden, welche von grundlegender Bedeutung für die älteste griechische Geschichte ist, und nicht allein für diese, sondern für die Geschichte der Mittelmeerstaaten überhaupt. Die Fülle von Belehrung, die jede neue Grabung nach Denkmälern dieser Zeit liefert, gibt uns das Bewusstsein, dass, wofern wir uns nur weiter am rechten Orte bemühen, die vorliegenden Probleme zu einer Lösung gebracht werden können, sodass es künftighin möglich sein wird, das Werden des griechischen Genius weit über Homer hinaus vielleicht bis zu jenen fernen Tagen zurückzuverfolgen, wo zum ersten male griechische Stämme griechischen Boden betreten haben. Die starke Abhängigkeit der Bewohner Griechenlands von dem Orient in der "mykenischen" Epoche lässt es heute uns und liess es Schliemann alsbald nach den tirynther Ausgrabungen für angezeigt erscheinen, zunächst an mehr nach Osten zu gelegenen Punkten die Hacke einzusetzen.

Frauenkopf aus Stuck (Mykene)

Relief einer sitzenden Frau aus Elfenbein

Grabhügel bei Troja

Kapitel 7

Letzte Lebensjahre

Wenn der ehemalige mecklenburgische Kaufmannslehrling nun von einer Ausgrabung heimkehrte, wohnte er im schönsten Hause Athens. In der Jugend arm, von schwachem Körper, in seinem Blick auf die nächste Heimat beschränkt, in seinen Interessen nothwendig bedacht auf das liebe tägliche Brot, lebte er jetzt im Besitze dessen, was er sich erworben, im Besitze seiner grossen materiellen Güter, im Genusse einer nie versagenden gestählten Körperkraft, im Unterhalt der persönlichen Verbindungen, deren er in allen Ländern besass, in der Pflege der Forschungen, welche er dem homerischen Alterthume widmete. Er war eine originale Erscheinung, und den Zauber, den eine in sich geschlossene Persönlichkeit mit weiten Zielen und grossen Erfolgen immer ausüben wird, hat er in vollem Maasse ausgeübt. Seine merkwürdige Laufbahn, der Glanz seiner Entdeckungen prägte sich der gebildeten Welt ein, zog sie an.

99

Wer nach Athen als Reisender kam, mochten es Engländer, Amerikaner, Deutsche oder Angehörige anderer Nationen sein, sie gingen nach dem Besuche der Akropolis und der Museen auch zu Schliemann. 'Iliu Meladron', soll heissen "die Hütte von Ilion", hatte er das Haus getauft, das er seiner Frau Sophie und sich gebaut, in Erinnerung an die Tage, wo sie mitsammen in dürftiger Holzhütte auf der Burg von Ilion gehaust hatten. Bellerophon und Telamon wurden die Diener gerufen, welche den Fremden am Eisengitter der mit Eulen und troischen Hakenkreuzen verzierten Thür empfingen. Im Mosaik des Treppenflurs war Geschmeide von Mykenae nachgebildet. Von den Wänden des säulengetragenen Treppenhauses strahlten in grossen goldenen Lettern homerische Verse entgegen. Die Zimmer des Hausherrn, Arbeitszimmer und Bibliotheksaal lagen im obersten Stockwerk; von den vorgelegten Loggien aus fiel der Blick auf die Akropolis von Athen, welche die dahinter untergehende Sonne purpurn und goldig umsäumte. Dort fand man den Herrn in lebhafter Geschäftigkeit, sei es in dem zu neuen Ausgrabungen vorbereitenden Briefwechsel begriffen, sei es in der Verwaltung seines Vermögens thätig, sei es einen altgriechischen Schriftsteller oder einen neuen, der sich in altgriechisches Gewand bequemt hatte, lesend. Den Gelehrten, der hier eintrat, redete er in der ihm liebsten Sprache an, einem Griechisch, das er sich aus homerischen und andern altgriechischen Bestandtheilen zurecht gemacht; es ist für die ruhelose Selbständigkeit des Mannes bezeichnend, dass, nachdem er nun Griechenland zu seinem ständigen Aufenthalte erwählt, er nicht so sehr die heutige griechische Sprache annahm, sondern vielmehr ein besonderes Idiom pflegte, welches sich ihm aus seinem eigenthümlichen zähen Studium der homerischen Welt gebildet hatte. Wer sich auf diese Conversation nicht einlassen konnte, für den verfügte Schliemann je über die Sprache seines Vaterlandes. Gastfreiheit, das war die alte griechische Tugend, welche Schliemann aus seinem Homer neu geschöpft hatte, und Frau Sophie, die Griechin, stand ihm darin zur Seite. Ihre Erinnerungen, ihre Ideale waren eins; wenn er aus dem reichen Schatze seines Gedächtnisses die Verse Homer's mit verzücktem Pathos recitirte, so wusste sie fortzusetzen, wo er aufhörte.

Das Verweilen in dem trauten Kreise der Seinigen zu Athen, der aus seiner Frau und seinen beiden Kindern Andromache und Agamemnon bestand, war aber für den rastlos Planenden nur je eine vielleicht in den letzten

Jahren etwas weiter ausgedehnte Pause, in welcher er begonnene Arbeiten abschloss und neue vorbereitete. Der Sommer führte ihn meist zu seinen Freunden nach "Europa", wie man von Athen aus sagt, und zu seinen Häusern, deren er zu Paris und Berlin besass. Die Verwaltung seiner Besitzungen in Cuba machte für ihn noch im Jahre 1886 eine Fahrt über den Atlantischen Ocean nöthig. Im selben Jahre reiste er auf wenige Tage nach London. Ein britischer Reporter hatte sich berufen gefühlt, gegen die Auffassung des Palastes von Tiryns Einspruch zu erheben, indem er der Ansicht war, dass eine Kirche, welche in die Trümmer der Burg in byzantinischer Zeit hineingebaut worden ist, gleichzeitig mit dem Palaste entstanden wäre, und er hatte es vermocht, den Altmeister der Architekturforschung in England, Penrose, auf seine Seite zu bringen. In Gemeinschaft mit Dörpfeld vertheidigte Schliemann vor einer dazu berufenen Versammlung seine Aufstellungen; es fiel ihnen nicht schwer, durch die Klarheit der Thatsachen den Fachmann von der Wahrheit zu überzeugen. Schliemann selbst ward die Ehre zu Theil, dass das Royal Institute of British Architects ihm die grosse goldene Medaille verlieh.

Im Winter 1886 - 87 ist er auf einer Nilfahrt begriffen. Es mochte nach längerer angestrengter Arbeit - damals hatte ihn die französische Ausgabe eines die Bücher "Ilios" und "Troja" zusammenfassenden Werkes beschäftigt - über ihn ein Bedürfniss nach Ruhe gekommen sein, welcher er in Einsamkeit zu pflegen gedachte. Es entsprach aber vor allem in Aegypten das hohe Alterthum der Geschichte und ihrer Denkmäler so recht seiner phantastischen Begeisterung für älteste Sage und Geschichte. Wie Virchow es sagt, "die Erwägung, dass zu der Zeit, wo die homerischen Gedichte entstanden, ja vielleicht schon zur Zeit als Troja blühte, die ägyptische Cultur bereits Jahrtausende alt war, und dass Zeugen dieser Cultur noch heute erhalten sind, diese Erwägung drängte sich mächtig in alle seine Betrachtungen ein". Er schwelgte schon in seinem Gemüthe, wenn er die hohen Jahreszahlen der ägyptischen Dynastien, die er sich fest eingeprägt hatte, aufsagen konnte. Auf seiner ersten Reise dorthin, im Jahre 1858, hatte er seine Unkenntniss der Landessprache bald beklagt, da er bei dem Vertrage mit dem Schiffskapitän arg geprellt worden war. Darum hatte er sich während der Fahrt auf die Erlernung des Arabischen geworfen, arabische Schriften auswendig gelernt und es so weit gebracht, dass er in kurzem nicht nur keines Dolmetschers mehr bedurfte, sondern auch arabisch schreiben lernte und die Fortsetzung seiner Reise durch

Syrien bereits in einem arabischen Tagebuche schilderte. Diesmal erzählt er sein Leben und Treiben in einem ausführlichen griechischen Tagebuch. Den Diener, welchen er als einzigen Begleiter von Athen mitgenommen, um ihn in der milden Luft von seinem Brustleiden zu kuriren, muss er gleich bei Beginn der Reise in einem kleinen Orte zurücklassen. So fährt er die drei Monate ganz allein auf dem Segelschiffe, das er für sich gemiethet, den Nil hinauf bis nach Luxor und kehrt dort um; die arabische Mannschaft der Barke ist seine einzige Gesellschaft. "Trotz aller Misshelligkeiten, wenn Windstille oder Gegenwind das Fortkommen hindert, ist mein einziger Kummer", schreibt er, "die Eile der Zeit. Wahrlich niemals ist mir die Zeit so schnell vergangen, als jetzt wo ich allein bin. Das macht, wie mir scheint, die Mannigfaltigkeit meiner Beschäftigungen. Um 7 Uhr stehe ich auf und wandle eine halbe Stunde auf dem Verdeck auf und ab, trinke Thee, esse drei Eier und gehe noch eine Stunde umher, indem ich rauche. Sogleich danach nehme ich eine Stunde ein arabisches Buch vor und zwei Stunden den Euripides. Darauf frühstücke ich, gehe wieder eine Stunde und lese weiter wissenschaftliche Bücher bis ½5 Uhr. Später gehe ich bis 6, dinire und wandle noch 1½ Stunden, den erquickenden Luftzug der Wüste geniessend. Bevor ich mich niederlege, schreibe ich mein Tagebuch." Mit Lebhaftigkeit und Anschaulichkeit schildert er darin die Bebauung des Landes und die Sitten seiner Bewohner, mit grosser Gewissenhaftigkeit führt er die Denkmäler auf, deren er ansichtig geworden ist. Daneben tritt in seinen Notizen eine Seite hervor, welche auch sonst bei Schliemann eine Rolle gespielt hat, seine Träume; vor allem so oft ihm seine Angehörigen im Traume erscheinen, zeichnet er das ausführlich auf. Die Reise in das Land der Pyramiden sagte ihm so zu, dass er sie im darauffolgenden Winter wiederholte, diesmal nicht allein, sondern von seinem Freunde Virchow begleitet. Dessen Erinnerungen verdanken wir eine Schilderung, aus der hervorgeht, welchen Eindruck die Persönlichkeit Schliemann's bei den Arabern der Wüstendörfer hervorrief, wie sie den weissen Wundermann anstaunten, der nicht allein wie ihre Priester und Richter ihre Sprache lesen, sondern auch schreiben konnte und des Nachts inmitten ihres Kreises unter den Palmen vor der Hütte ihres Häuptlings die Suren des Koran in seiner ekstatischen Weise declamirte, sodass die Gläubigen zum Schlusse im Gebet ihr Haupt neigten und mit der Stirn die Erde berührten.

Von solcher Reise heimkehrend fühlte Schliemann die Kraft zu neuen Unternehmungen in sich. Es hatten ihn in Nubien die Wandgemälde der Tempel gefesselt, in welchen der grosse Ramses und sein Geschlecht die Kriege gegen die Völker des Nordens, gegen die Cheta, die Hittiter, und die Belagerung ihrer Stadt Kadesch am Orontes hatten darstellen lassen. Schon seit langer Zeit war er durch Sayce auf die Zusammenhänge aufmerksam gemacht, welche die Cultur von Troja mit jenen Völkern haben müsse. Aber der Plan, Kadesch auszugraben, wurde durch den Ausbruch der Pest in Mesopotamien vereitelt. Nicht besser ging es ihm mit einem zweiten Vorhaben, welches ihn in den letzten Jahren vielfach beschäftigt hat, einer Grabung in Knossos auf Kreta. Dort hoffte er den Pfeiler zu der Brücke zu finden, welche einst das Eindringen der "mykenischen" Cultur vom Orient nach Griechenland vermittelt hat. Er reiste mit Dörpfeld nach Kreta, sah dort die Trümmer eines grossen Palastes in der Weise desjenigen zu Tiryns fast zu Tage liegen und gewann die Aussicht, das Schloss des ersten Seeherrschers der Griechen, des Königs Minos, wieder aufzudecken. Aber die Verhandlungen über den Erwerb des Grundstückes und über die Eigenthümerrechte an den zu erwartenden Funden zogen sich in die Länge, bis schliesslich der Ausbruch der Unruhen in Kreta jede Unternehmung unmöglich machte. Da war es ein Glück, darf man sagen, dass unter allen Gegnern Schliemann's einer der am wenigsten berechtigten den Anstoss gab, dass er noch einmal zu seinem geliebten Troja zurückkehrte.

Ohne jemals die Ruinenstätte von Hissarlik erblickt zu haben, hatte seit einer Reihe von Jahren Hauptmann a. D. Boetticher in einer Anzahl von Artikeln die Ansicht aufgestellt und mit Hülfe einzelner ungenauer Angaben aus Schliemann's ersten Büchern scheinbar begründet, dass die Burg von Troja nichts anderes sei als eine grosse Feuernekropole. Er hatte Schliemann sowol wie Dörpfeld beschuldigt, falsche Aufnahmen und falsche Darstellungen von dem Sachverhalte gegeben, ja sogar mit Absicht zerstört zu haben, was ihrer Auffassung von dem Bestehen eines alten Palastes widersprechen konnte. Boetticher legte dem Anthropologen-Congress, der sich im Sommer 1889 in Paris versammelte, ein Buch über dieses Thema vor und, wunderbar genug, fand das Werk in einem hervorragenden französischen Alterthumsforscher einen Vertheidiger. Schliemann selbst war auf dem Congresse zugegen. Da er sah, wie verwirrend das Boetticher'sche Buch wirkte, so entschloss er sich kurz, er lud seinen Gegner zu sich nach Troja zu einer Besprechung vor den Ruinen und fasste gleichzeitig den Plan, die Arbeit dort in grossem Maasstabe wieder aufzunehmen. "Hoch lebe Pallas Athena!" so leitete er den Brief ein, in welchem er Dörpfeld noch von Paris aus seinen Entschluss mittheilte. Die Conferenz fand in den ersten Tagen des December in Hissarlik statt, und wenn auch der Gegner sich auf die Dauer nicht überzeugen liess, so hatte Schliemann doch die Genugthuung und Beruhigung, dass die als Zeugen erschienenen Sachverständigen, Professor Niemann aus Wien und der kgl. preussische Major Steffen, seine und Dörpfeld's Ansichten bestätigten.

Am 1. März des folgenden Jahres wurden dann, nachdem durch den Botschafter Herrn von Radowitz die Erlaubniss von der türkischen Regierung ausgewirkt worden war, die Grabungen in Troja zum letzten male von Schliemann wiedereröffnet. Er kehrte immer gern zu dem freien Plateau über der Skamanderebene zurück; hier wurzelte sein Enthusiasmus, er war hier heimisch geworden, kannte Land und Leute und die Leute kannten ihn. Neben der Hoffnung auf neue Ergebnisse lag ihm jetzt auch sehr daran, dass die Errungenschaft seiner langjährigen Arbeit, die Erkenntniss von dem Bestehen einer Burg an dem Homer gefeierten Platze, nicht durch ein Wiederaufkommen der Boetticher'schen Hypothese in Frage gezogen würde, und es war ihm daher Bedürfniss, möglichst vielen und competenten Gelehrten das Ausgrabungsfeld zu zeigen. Ueberhaupt trat das Streben, jedermann eine klarere Vorstellung zu vermitteln von dem, was seine Arbeiten für das Studium der ältesten Geschichte der Griechen beigetragen hatten, bei ihm in den letzten Jahren stark hervor; deshalb auch hatte er auf eine Anregung der Verlagsbuchhandlung F. A. Brockhaus in Leipzig seine gesammten Ausgrabungen und ihre Ergebnisse durch Dr. Carl Schuchardt in einem vortrefflichen Buche übersichtlich zusammenfassen lassen. In ähnlicher Absicht wurde jetzt dicht bei dem Ausgrabungsgebiete ein Barackenlager errichtet - Schliemanopolis hat man es scherzhaft genannt -, in welchem vierzehn Fremde Unterkunft fanden. Schon im ersten Monat füllten sich die Räume. Denn da Boetticher in den Zeitungen seine Angriffe fortgesetzt hatte, so hatte Schliemann sich veranlasst gesehen, für Ende März Einladungen zu einer zweiten grössern internationalen Conferenz ergehen zu lassen. Auch diese konnte nur rückhaltslos Schliemann's und Dörpfeld's Auffassungen billigen. Dazu hatte sich auch Virchow mit eingefunden. Nach Schluss der Conferenz machten die beiden Freunde noch einmal den beschwerlichen Ritt zum Ida: und auf dieser Reise wurde zum ersten male Schliemann's verhängnissvolles Ohrenleiden in bedenklicher Weise bemerkbar. Virchow erkannte, dass Knochenauftreibungen in beiden Ohren eine schwere Operation nöthig machen würden, rieth aber vorläufig die Operation zu vertagen. In der Folgezeit klagte Schliemann wol manchmal über Schwerhörigkeit, indessen konnte man der Lebhaftigkeit des 68jährigen nur wenig sein Leiden anmerken, so sehr war er mit seinen Ausgrabungen und seinen Gästen beschäftigt, deren jede Woche fast neue gebracht hat. Noch in den letzten Wochen war es ihm eine besondere Freude, seiner Frau und seinen Kindern in der erweiterten Ansiedelung auf Hissarlik ein gefälliges Heim zu bereiten.

Es waren in der Hauptsache zwei Aufgaben, welche Schliemann und Dörpfeld sich für die Richtung ihrer Arbeiten gestellt hatten und an deren Lösung sie im Gegensatz zu früher ungestört gehen konnten, da diesmal niemand die Anfertigung der Pläne hinderte: eine gründliche Säuberung der sogenannten zweiten Stadt und ferner eine Grabung ausserhalb derselben, um die spätere Geschichte des Ortes und den Anschluss einer Unterstadt eventuell festzustellen.

Bei den Arbeiten im Bereiche der zweitältesten "Stadt" oder richtiger Burg, zeigte sich, dass innerhalb dieser einen von acht oder neun Ansiedelungsschichten im Hügel von Hissarlik allein drei Perioden von Erweiterungsbauten zu unterscheiden sind. Die älteste, am weitesten nach innen liegende und also den kleinsten Kreis umschliessende Ringmauer wurde erst jetzt herausondirt. Zweimal haben die Herren der Burg dann den Kreis weiter ausgedehnt, indem sie je durch eine vorgelegte Mauer die ältere verdecken und dadurch den Innenraum der Burg vergrössern liessen. Im Zusammenhang mit dem Mauerbau und mit der je veränderten Anlage der Thore musste auch regelmässig ein Neubau des Herrscherpalastes geschehen. Ueber die alten Fundamentmauern legte man Bauten in abweichender Richtung an, sodass sich der aufgenommene Grundriss ihrer Reste wie das Bild mehrerer übereinander liegender Netze ausnimmt. Einstweilen hebt sich nur das oberste Netz mit ziemlicher Klarheit ab. Wer die Räume des grossen Burgthores passirt hatte, musste im Innern, ähnlich wie in Tiryns, noch ein kleines Thorgebäude durchschreiten, ehe er zu dem Verhof gelangte, in welchem die grossen

Megara der Herrscherfamilie eins neben dem andern angelegt waren. Aus der Thatsache der steten Wiederholung und Erweiterung so ausgedehnter Anlagen erhalten wir eine Ahnung von den Wechselfällen, von der reichen Geschichte überhaupt, welche ihrer Zeit diese Burg an der Dardanellenstrasse durchgemacht hat. Sie lag so tief im Schutte vergraben, dass wir bisher nicht einmal in ein bestimmtes Jahrtausend ihre Glanzperiode verweisen können. Wir kennen den Namen der Völkerschaft, die damals hier gewohnt hat, nicht. Schliemann selbst hat sich darin mehr und mehr resignirt; es war nur natürlich und wissenschaftlich richtig, dass in seinen Büchern die Beziehungen der Funde dieser Ansiedelungen auf Homer etwas seltener wurden, je mehr sich das Bild dieser Burg erweiterte. Um des Mangels an historischer Verknüpfung willen mag man eine gewisse Oede beim Anblicke dieser Trümmer empfinden, aber sie wird ausgeglichen durch die gebotene Möglichkeit, hier älteste Ansiedelungsformen eines Mittelmeervolkes in einer Ausdehnung wie sonst nirgends zu erkennen.

Und doch, so ganz zeitlos und aller Anknüpfung spottend sollten die trojanischen Alterthümer nicht mehr bleiben. Es war der grosse Gewinn von Schliemann's letzter Unternehmung, dass sich das Verhältniss der beiden prähistorischen Culturen, der älteren trojanischen und der mykenischen, deren Erschliessung auf classischem Boden der Zähigkeit Schliemann's zu danken ist, bis zu gewissem Grade klärte. Schliemann liess an einer Stelle vor den Ringmauern der zweitältesten Burg graben. Sicher hatten diese Mauern einstmals mit freier Stirn über die Thäler des Skamander und Simois hinweggeschaut. Was sich also davor an Ansiedelungsschutt schliesslich bis zu einer Höhe von 16 Metern aufgethürmt vorfand, musste jünger sein als die sogenannte zweite Stadt. Die Römerzeit hat den Schlussstein dieses ganzen Schuttbaues geliefert, ihre wohlerkennbaren Mauern sind die am höchsten zu Tage liegenden. Von ihnen aus bis hinab zu der Sohle der Burgmauer lassen sich querdurch sechs Ansiedelungsschichten verfolgen.

Die Bewohner derjenigen drei Schichten, welche unmittelbar auf den Niedergang der zweiten Stadt folgen, haben nach Ausweis der Funde ein ebenso urthümliches rohes Hausgeräth besessen, wie die Bewohner jener ältern Burg selbst. Das ändert sich erst, als zum vierten male nach der Zerstörung der Burg der Platz besiedelt worden ist, als der Schutt die Höhe von 8 Metern erreicht hatte und in ihm der steinerne Unterbau der alten Burgmauer vergraben lag. Das Geschirr, welches in dieser Höhe zwischen den Häusertrümmern hervorgezogen wurde, hatte zumeist ein feineres Aussehen. Der Grund dieses Fortschritts ist aus der Masse der Funde selbst zu erschliessen. Zweierlei Thonwaare findet sich darunter. Einerseits Vasen aus lichtem Thon und mit reich aufgemalten Mustern, ganz wie diejenigen, welche Schliemann zuerst in Mykenae in erstaunlicher Anzahl und in überraschender Mannigfaltigkeit ausgegraben hatte und die dann vielerorts im Mittelmeergebiete aufgetaucht waren. Sie kennzeichnen sich meist als eingeführte Waare, so auch in Troja: denn ihr meisterhaft fein geschlemmter Thon, und die Zierlichkeit ihrer Form sticht scharf von der zweiten Gattung, der weit überwiegenden Masse, ab, die, obwol weiter entwickelt, dennoch die offenbarsten Beziehungen zu der in der trojanischen Landschaft heimischen, aus den tiefern Schichten bekannten Waare besitzt. Man darf annehmen, dass die Einfuhr der mykenischen Waare beim troischen Töpferhandwerk Epoche gemacht hat. Allem Anschein nach hatten die ältesten Bewohner von Troja die Näpfe und Töpfe, deren sie im Hause bedurften, auch in der Hausarbeit durch ihre Frauen und Sklaven herstellen lassen; und wenn wir wol annehmen dürfen, dass in der Zeit derjenigen Ansiedelung, in welcher die mykenischen Vasen sporadisch auftreten, bereits ein eigenes Töpferhandwerk sich entwickelt hatte, so war die Gilde der Töpfer, von geringer Anwendung der Töpferscheibe abgesehen, doch nicht über die einfachsten Techniken, wie sie eben auch im einzelnen Hause geübt werden konnten und geübt wurden, hinausgekommen. Und nun kamen die Händler auf ihren Schiffen von jenseits des Meeres, kramten an den Küsten des Hellespont ihre staunenswerthe Waare aus und erzählten von den grossen Fabriken, in welchen diese Becher und Kannen und Krüge für die ganze Welt des Mittelmeeres in einer technischen Vollendung und in einer Sicherheit des Stils angefertigt wurden, die auch uns Modernen trotz aller Vervollkommnung der technischen Hülfsmittel stellenweise die höchste Achtung abnöthigt. Die Concurrenz hatte einen Wettbewerb im Lande zur Folge. Man verarbeitete den Thon reiner und fester, hielt auf eine reinere Farbe, gab den Gefässen eine sauberere, gefälligere Form, vervollkommnete auch zweifellos das Brennverfahren, hielt auf einen reichern, das Gefäss umspinnenden Linienschmuck und wusste dem Ganzen einen gleichmässigen firnisartigen Glanz zu verleihen. Zwar hat man gleichwol nicht die Zierlichkeit und Farbenpracht der mykenischen

Waare erreicht; von der Lust zu ornamentiren abgesehen, die nun einmal von alters her in dieser Landschaft bescheiden war und so auch geblieben ist, mochten die troischen Töpfer des feinen Thones und anderer Hülfsmittel entbehren, welche der Boden, aus welchem jene Gefässe stammten, hergab. Aber doch legten sie damals den Grund zu einer Thonindustrie, welche dann nach Ausweis von Funden in den höhern Schichten über ein halbes Jahrtausend bestanden hat und noch die Griechen des 7. und 6. Jahrhunderts, welche die Troas besetzt hatten, sozusagen beherrschte.

Die Topfscherben sind das Füllhorn archäologischer Weisheit, pflegte Schliemann zu sagen. Doch nicht sie allein zeugen von dem Aufschwung, welchen die troische Landschaft in mykenischer Zeit genommen hat. Die Ansiedelung dieser Epoche hat sich bisher nur über einen kleinen Raum von wenigen hundert Quadratmetern verfolgen lassen, aber dabei sind doch schon die ansehnlichsten Gebäudereste aufgedeckt worden, welche man überhaupt bisher im Schuttberge von Hissarlik, abgesehen von den spätgriechischen und römischen Bauten, beobachtet hat. Dörpfeld erkannte den Grundriss eines Megaron, dessen Grundmauern eine Dicke von 1,60 Meter haben, und unmittelbar daran stösst ein zweites Gebäude, dessen Fundament eine Breite von über 2 Metern besitzt. Eine Ansiedelung mit so mächtigen Gebäuden ist schwerlich dorfähnlich zu nennen. In diesem Zusammenhange verdient auch die Beobachtung Schliemann's erwähnt zu werden, dass an den stolzesten Denkmalen der troischen Ebene, an den grossen Grabhügeln, sich vielfach die monochrome Topfwaare wiederfindet, welche in Hissarlik gleichzeitig mit der "mykenischen" auftritt. Sollten also auch die Heroengräber Reste dieser zweiten glanzvollen Zeit der Herren von Troja sein?

Schliemann begrüsste die erste mykenische Bügelkanne, welche auf dem bezeichneten Platze zum Vorschein kam, als die Leitmuschel in der Chronologie der trojanischen Alterthümer. Und das mit Recht. Freilich besteht für die Zeit ihres Imports noch ein weiter Spielraum: sie wäre nach den letzten in Aegypten gemachten Entdeckungen zwischen 1500 und 1000 vor Christi Geburt anzusetzen. Was man früher wol immer schon aus der grössern Einfachheit und Urthümlichkeit der Funde geschlossen hatte, dass die "zweite Stadt" eine bedeutend ältere Cultur habe als Mykenae und Tiryns, lässt sich jetzt aus den trojanischen Schichten selbst ersehen. Drei Ansiedelungsperioden liegen noch zwischen der zweitältesten und der mykenisch-trojanischen Burg. Einen wie langen Zeitraum das bedeutet, lässt sich nicht einmal vermuthen, ehe nicht weitere Anhaltspunkte sich bieten.

Beide, die zweitälteste Burg und die mykenisch-trojanische Burg, zu welcher eine der in der Peripherie des Hügels bisher nur durchschnittenen und nicht weiter verfolgten Ringmauern gehören wird, sind älter als die Zeit der Entwickelung des griechischen Epos, als Homer. Es entsteht daher aufs neue die Frage: welches ist die von den Achäern zerstörte Stadt des Priamos gewesen, die uralte, oder diejenige, in welcher sich die Spuren derselben Cultur finden, deren grösste Entfaltung wir aus dem Sitze des Atridengeschlechts, aus Mykenae, kennen? Die Lösung dieser Frage verschob Schliemann auf das kommende Jahr, aber der Tod hat dem Streben des unermüdlichen Forschers ein Ziel gesetzt.

Am 31. Juli, als Hitze und Fieberdünste den Aufenthalt auf Hissarlik unerträglich zu machen begonnen hatten, stellte Schliemann die Arbeiten dort ein. Er dachte am 1. März des folgenden Jahres weiter zu graben. Er kehrte nach Athen zurück, verfasste mit Dörpfeld zusammen einen kurzen vorläufigen Bericht über die Ausgrabungen, ordnete einige häusliche Angelegenheiten und wartete die glückliche Wiederkehr seiner Kinder und seiner Frau, welche ihrerseits eine Cur in Deutschland gebraucht hatte, ab, um kurz darauf am 12. November, Virchow's Rath entsprechend, sich dem Professor Schwartze in Halle zu der nothwendig gewordenen Ohrenoperation zu stellen. Nach fünftägiger Reise ging er vom Bahnhof zur Consultation. Schon am andern Tage wurde die Operation, Ausmeisselung der krankhaften Knochenvergrösserungen, an beiden Ohren vollzogen. Im Gefühle seiner Kraft den Gefahren trotzend verliess er Halle am 12. December. Eilends wie in gesunden Tagen reist er zu seinem Verleger Brockhaus nach Leipzig, dann auf einen Tag zu Virchow nach Berlin, besichtigt mit ihm eine Neuaufstellung seiner trojanischen Sammlungen im Völkermuseum, plant mit dem Freunde die Reisen für das nächste Jahr und ist am 15. bereits in Paris. Er muss dort einen Arzt consultiren, der eine neue Untersuchung vornimmt, aber alle Schmerzen nicht achtend treibt es ihn nach wenigen Tagen von Paris nach Neapel, wo er vorhat, die neuen Erwerbungen der Museen und die letzten Ausgrabungen von Pompeji zu sehen. Bereits hatte er seine baldige Rückkunft den Seinigen nach Athen gemeldet, da erreicht sie am 26. die traurige Botschaft, dass sich eine Entzündung vom Ohr auf das Gehirn geworfen, dass er bewusstlos zu Neapel liegt, dass die Aerzte an seinem Leben verzweifeln. Und wenige Stunden darauf kommt die Nachricht, dass er geendet.

Die Leiche haben sein langjähriger Freund Dörpfeld und der älteste Bruder der Frau nach Athen gebracht. Einer der ersten, welche der Witwe sein Beileid ausdrückte, war der Souverän des Reiches, welchem er seine trojanische Funde schenkte, Kaiser Wilhelm II. Am Nachmittag des 4. Januar kam in dem Saale seines Hauses, wo er so oft zu heiterer Geselligkeit seine Freunde, jung und alt, vereint hatte, die Trauergesellschaft zusammen, um dem grossen Manne die letzte Ehre zu geben. Zu Häupten des Sarges stand die Büste Homer's, welcher ihn zu seinen wissenschaftlichen Thaten begeistert hatte; den Sarg hatten diejenigen geschmückt, die ihm für sein Werk dankbar waren: die Kaiserin Friederike, die griechische Königsfamilie, die Stadt Berlin, die wissenschaftlichen Institute Athens, und mit ihnen viele andere Freunde und Bekannte. König Georg, der Kronprinz Constantin und die Minister von Griechenland bezeugten durch ihr Erscheinen den Dank, welchen das Volk empfinden muss, dessen Ruhm Schliemann's Thätigkeit gewidmet war, dessen älteste Vergangenheit ihm durch Schliemann in ungeahnter Weise erschlossen worden ist; diesen Gefühlen gaben der Generalephor der Alterthümer, Herr Kavvadias und der Senior der griechischen Alterthumsforscher, der Dichter Rizos Rangabé, jeder in seiner Weise, Ausdruck. Der Gesandte der Vereinigten Staaten, Mr. Snowden, rühmte den Bürger seines Landes, der den zähen grossen Sinn des amerikanischen Privatmannes so glänzend bewiesen hatte. Der treue, andauernde Genosse bei Schliemann's Arbeiten, Dörpfeld, konnte ihm als Freund und als Vertreter der deutschen Wissenschaft die Abschiedsworte zurufen: Ruhe aus in Frieden, Du hast genug gethan!

Nun ruht er, der im Leben nicht ruhen mochte, an dem Platze, den er sich bei Lebzeiten ausgesucht, wo nach den Plänen von Professor E. Ziller in altgriechischem Stile ein Mausoleum errichtet werden soll. Ihn grüssen im Tode die Akropolis mit dem Parthenon, die Säulen des Zeus Olympios, der blaue saronische Golf und jenseits des Meeres die duftigen Bergketten der Argolis, hinter welchen Mykenae und Tiryns liegen.

Das Mausoleum von Heinrich Schliemann